정중하게
꺼지라고
외치면 돼

Cómo mandar a la mierda de forma educada by Alba Cardalda
© 2023, Alba Cardalda
© 2023, Penguin Random House Grupo Editorial, S. A. U.
All rights reserved.
KOREAN language edition © 2025 by DAVINCIHOUSE CO., LTD.
KOREAN translation rights arranged with Penguin Random House Grupo Editorial, S. A. U. through EntersKorea Co., Ltd., Seoul, Korea.
No part of this book may be used or reproduced in any manner for the purpose of training artificial intelligence technologies or systems, nor for text and data mining.

이 책의 한국어판 저작권은 (주)엔터스코리아를 통한 저작권사와의 독점 계약으로 ㈜다빈치하우스가 소유합니다. 저작권법에 의하여 한국 내에서 보호를 받는 저작물이므로 무단 전재와 무단 복제를 금합니다.

정중하게 꺼지라고 외치면 돼

알바 카르달다 지음 · 윤승진 옮김

더페이지

차례

서문 표지판 없는 길에서는 예의가 통하지 않는다 —— 15

1 경계란 무엇이고, 경계가 아닌 것은 무엇인가?
경계란 무엇인가? —————————————— 23
경계가 아닌 것은 무엇인가? ————————— 33

2 관계, 사랑 그리고 행복
획기적인 연구 ———————————————— 39
마스터피스 ————————————————— 42

3 양질의 관계
질 좋은 물건 vs. 질 높은 관계 ——————— 51
광고 산업 —————————————————— 54
양질의 관계란? ——————————————— 55

4 문화, 신념, 양육 태도

세계 모델 —————————————— 63

문화 ————————————————— 65

신념 ————————————————— 67

양육 태도 ————————————— 71

5 잘못된 신념 깨뜨리기

실제 사례 ————————————— 81

치료 과정 ————————————— 82

자아실현 ————————————— 86

6 죄책감은 어쩌지?

죄책감, 조종을 유발하는 메커니즘 —— 91

마음과 이성 ———————————— 96

좌절, 우리의 친구 —————————— 98

7 정도에 따라 약이 될 수도, 독이 될 수도 있다

경계주의 ————————————— 103

너무 순진한 심리 —————————— 110

인지 편향 ————————————— 118

8 경계가 놓일 자리

협상할 수 있거나 협상할 수 없는 경계 —— 123
협상할 수 없는 경계 —— 125
협상할 수 있는 경계 —— 126
손해가 곧 이득 —— 129

9 자기주장성과 의사소통 스타일

자기주장성이란? —— 135
어떻게 하면 자기주장적인 사람이 될 수 있을까? —— 136
의사소통 스타일 —— 138
자기주장성의 바탕 —— 145

10 효과적으로 소통하기 위한 인지행동 전략

행동으로 배우는 자기주장성 —— 155
효과적인 의사소통을 위한 세 가지 황금률 —— 156
비례적 결과와 일치적 결과 —— 158
호의가 반복되면 —— 159
'마치 ~인 것처럼' 전략 —— 161
마인드맵 전략 —— 166
다른 사람의 의도 분석하기 —— 169

11 경계의 설정과 협상에 효과적인 의사소통 전략

- 자기주장성 이상의 것 — 173
- 비언어적 의사소통 — 176
- 적극적으로 듣기 — 179
- 무전기 전략 — 182
- 바꾸어 말하기 — 183
- 거짓말 탐지기 — 184
- 수동태 사용하기 — 193
- "그래서 내가 얻는 건 뭐야?" — 194

12 '아니요'라고 말하기 전략

- '예'라고 말하지 않을 자유 — 201
- 부가 설명 없이 '아니요'라고 말하기 — 204
- 감사 인사+거절(+사과)+정중한 표현 — 206
- 감사 인사+거절+대안 제시 — 208
- 연장 요청 — 210
- 튀는 레코드판 기술 — 211

13 비난에 대응하기 위한 자기주장적 전략

비난에 흔들리지 않는 법 — 219
기본적인 자기주장성 — 222
부정적인 질문 — 223
안개구름 기술 — 225
샌드위치 기술 — 226
유머로 위장한 조롱과 비판에 대응하기 — 229

14 심리 조종자들에게 경계 긋는 법

"나에게 무슨 짓을 했는지 봐" — 235
자기 노출 최소화하기 — 239
신체 언어 — 241
명령형 사용하기 — 242
상대방의 행동 입증하기 — 243
침묵하기 — 244
다른 질문으로 대응하기 — 245
고맙지만, 대답하지 않겠어요 — 246
도덕주의자·권위주의자 대응하기 — 247
잘 알지도 못하면서 말하는 사람 대응하기 — 248
험담하는 사람 대응하기 — 250
비난하는 사람 대응하기 — 252

15 정중하게 꺼지라고 말하는 법

물과 기름처럼	257
"꺼져 버려! 꺼지라고!"	260
매우 정중하게 꺼지라고 말하는 법	263
죄책감을 유발하는 조종	268
거짓말을 변명하려고 하는 조종의 말	269
가스라이팅 형태의 모욕	270
감정적 협박을 담은 조종의 말	271
구하지 않은 의견	272

이 책의 페이지들을 채우는 순간마다
늘 내 곁을 지켜 준 인티Inti에게,
조건 없는 지지를 보내 주는 가족과 친구들
그리고 동료들에게 이 책을 바칩니다.

서문

표지판 없는 길에서는 예의가 통하지 않는다

몇 해 전 나는 볼리비아의 한 작은 마을에 있는 보육원에서 심리 상담사로 자원봉사를 한 적이 있다. 그곳에서 나는 통상 상담사의 역할 외에 한 주 동안 먹을 식료품을 사 오는 중요한 일을 담당했다. 그날도 그랬다. 여느 때와 마찬가지로 장을 보러 가려고 차를 탔는데, 늘 다니던 도로가 갑자기 내린 큰비로 끊겨 버렸다. 하는 수 없이 다른 길을 선택해야 했는데, 문제는 한 번도 가본 적 없는 길이라는 것이었다. 지도도, GPS 신호도 없는 상황에서 장이 서는 시내까지 갈 방법은 그저 도로 표지를 따라가는 수밖에 없었다.

억수같이 쏟아지는 빗속을 달리다가 지금까지 그 흔한 도로 표지를 단 하나도 보지 못했다는 걸 깨달은 건 운전을 시작한 지 이십 분쯤 지났을 때였다. 이정표도, 속도 제한 표지도, 건널

목 표지도, 일시 정지 표지도, 시내까지 남은 거리를 알려 주는 도로 표지도 보지 못했다. 심지어는 차선도 표시되어 있지 않았다. 도로라기보다는 차라리 끝없는 활주로처럼 느껴졌다.

그런데 그때, 반대편에서 내 쪽을 향해 전속력으로 달려오는 차량이 희미하게 보였다. 나는 공포심에 사로잡혔다. 온몸이 긴장으로 뻣뻣해졌고 두 손으로 있는 힘껏 핸들을 부여잡았다. 맞은 편에서 돌진해 오는 차와 충돌하지 않으려고 나는 핸들을 오른쪽으로 꺾었다.

어찌 된 영문인지 아직도 잘 모르겠지만, 어쨌든 우리는 서로를 피했다.

길가 도랑에 멈춰 숨을 가다듬는 동안 내 머릿속에는 수천 가지 의문이 떠올랐다. 내가 반대 방향으로 운전한 건가? 내가 반대 차선을 침범한 건가? 아니면 맞은편 차가 내 차선을 침범한 건가? 도로의 출구는 어디였지? 도착하려면 얼마나 남은 거지? 최대 속도는 얼마나 된 거지?… 완전히 혼돈 그 자체였다.

표지 없는 도로는 경계 없는 관계와 같다. 이런 관계에서는 무엇이 허락되고, 또 무엇이 허락되지 않는지 아무도 모른다. 다른 사람에게 무엇을 기대해야 할지, 또 다른 사람이 자신에게 무엇을 기대하는지도 알 수 없다. 좋고 나쁨을 규정할 아주 간단한 신호조차도 없다.

자신이 다른 사람의 공간을 존중하고 있는지, 또 다른 사람이 자기의 공간을 존중하는지도 알 길이 없다. 한 개인이 져야 할 책임의 시작과 끝 또한 분명하지 않다. 그러니 사고가 일어날 가능성이 커질 수밖에.

도로 표지를 따라가면 안전하게 운전하여 목적지에 무사히 도착할 수 있다. 경계는 관계에서 도로 표지와 같은 역할을 한다. 경계를 지키면 건전하고 안전한 관계가 형성되어 모두의 안전을 보장할 수 있다.

그런데 우리는 경계에 대해 이렇게 배우지 않았다. 오히려 경계를 설정하는 것이 이기적인 행동이며, 진정으로 사랑한다면 무조건으로 사랑해야 한다고 믿으며 자라 왔다. 유년기부터 습득된 이런 생각은 이제 우리 행동과 관계를 비교하고 해석하는 방식에 영향을 미치게 되었다.

다른 사람들과의 관계에서 경계를 그으려는 자신을 자책하게 만들고, 다른 사람이 나와의 관계에서 경계를 구분하려 하면 애정이 부족해서 벌어진 일이라고 믿게 되었다. 이런 잘못된 해석으로 우리는 해롭고 의존적이며 부당한 관계를 맺게 된다.

'아니요'라고 말하고 싶을 때 '예'라고 말해 버리고, 가장 사랑하는 사람에게조차 우리의 욕구와 감정을 표현할 수 없게 되는 것이다.

이렇듯 경계에 관하여 잘못 굳어져 버린 신념뿐만 아니라 감정을 다루는 교육과 긍정적인 의사소통이 부족하다는 현실 또한 문제다. 요즘은 학교에서 감정 교육을 시작하는 추세다. 그렇지만 2000년대 이전에 출생한 세대 대부분은 자신이 느끼는 감정이 무엇인지 그리고 그런 감정에 어떤 이름을 붙여야 하는지 배운 적이 없을뿐더러, 그러한 감정들에 가치를 부여하고 긍정적이고 공감되는 방식으로 감정을 전달하는 방식을 배우지 못했다. 그러니 그런 우리가 성인이 되어 감정을 표현하려고 할 때, '아니요'라고 대답하거나 이견을 말하기가 쉽지 않은 것이다.

다른 사람을 존중하면서도 정직하고 솔직하게 소통하는 방법을 우리는 배우지 못했다. 상대방을 공격하지 않고도 불편한 점을 겉으로 드러낼 방법이라든지, 필요한 것을 얻기 위해 더욱더 설득력 있게 말하는 방법을 누구도 가르쳐 주지 않았다.

우리는 말하고 싶은 것이 있어도, 긍정적으로 표현하는 방법을 몰라서 침묵하는 쪽을 선택해 버리는 경우가 많다. "별거 아니에요" "갈등을 일으키고 싶지 않아요" "다른 사람을 화나게 하고 싶지 않아요"라고 하면서 누가 뭐라 하지 않아도 스스로 자신을 억누른다. 그런데 이런 방식이 끓어오르는 감정을 누그러뜨리기는커녕, 오히려 우리 내면에서 더 큰 자리를 차지하고 점점 쌓여 어느 날 화산처럼 폭발해 버리고 종국에는 최악의 방식으로 자기 자신을 드러내게 되는 것이다. 그렇게 우리는 상처를 입히고 관계는 악화한다.

누구나 경계를 설정할 권리가 있다. 그렇지만 알아야 할 것이 있다. 경계를 설정할 때는 타인과 자신의 감정을 고려해야 한다는 것이다. 정확한 말과 적절한 순간도 중요한 사항이다. 이 모든 것이 충족되어야만 타인뿐만 아니라 자신과의 관계 또한 건강하게 구축할 수 있다. 긍정적인 태도와 효과적인 의사소통 전략 그리고 비언어적 의사소통 기술도 필요하다. 이를 통해 마침내 건강한 경계 설정이라는 어려운 과제를 효과적으로 그리고 관계를 해치지 않고 해결해 낼 수 있다.

그럼, 이제 처음부터 시작해 보자.

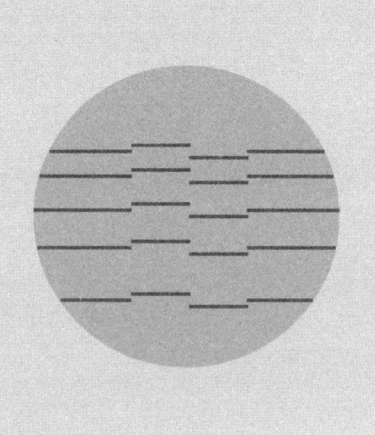

1

경계란 무엇이고, 경계가 아닌 것은 무엇인가?

용기를 내어 있는 그대로의 자신이 되고자 한다면,
우리는 모두 달라질 수 있을 것이다.

마르그리트 유르스나르 Marguerite Yourcenar*

---

* 벨기에 태생의 프랑스의 소설가이자 수필가(1903년 6월 8일~1987년 12월 17일)

경계란 무엇인가?

경계란 사물이나 능력, 책임 따위가 실제 또는 상징적으로 적용할 수 있는 범위, 또는 그런 범위를 나타내는 선을 뜻하며, 사물이 어떠한 기준에 따라 분간되는 한계를 말한다. 넘어서는 안 되거나 넘을 수 없는 어떤 지점이다. 심리학에서는 대인 관계에서의 경계를 자주 언급한다. 타인뿐 아니라 자신과의 관계에서도 건강함을 지키기 위해 세우는 마음의 선線이라 할 수 있다. 경계는 그 형태 또한 다양하다. 이어서 살펴보자.

먼저 물리적인 경계가 있다. 이는 개인 공간과 신체 접촉에 관한 것이다. 신체 접촉을 편안하게 느끼는 사람은 타인과 관계를 맺을 때 물리적인 거리가 더 가까운 편이다. 타인과 대화할 때 손이나 팔을 만지거나, 인사할 때 껴안기도 한다. 이들은 신체 접촉을 통해 애정을 느끼고, 표현하기를 좋아한다.

이와 달리, 적당한 거리 두기를 선호하는 사람도 있다. 인사할 때 포옹보다 악수를 선호하고, 상대가 너무 가까이 다가오면 침범당한다고 느끼기도 한다. 상대방이 신체 접촉으로 애정 표현하는 것을 불편하게 느낄 때도 있다. 물리적인 경계를 논할 때 개인의 선호도만큼이나 중요한 것이 바로 각 국가의 문화이다. 예컨대 북유럽 국가들은 남유럽 국가들보다 물리적인 경계의 거리가 더 멀다.

개인 공간의 경계란 사적인 공간, 즉 자기 방이나 자기 가방, 자기 호주머니에 관한 것이다. 신체적인 폭행은 가장 심각하게 물리적인 경계를 침범하는 행위일 것이다. 그보다 가벼운 수준이라 해도 누군가가 원치 않는 접촉을 하거나 허락 없이 개인 공간을 침범하거나 내 소지품을 만진다면 그 또한 물리적인 경계를 침범하는 경우라 할 수 있다.

감정적인 경계도 있다. 그것은 자기감정을 표현하는 형태, 순간, 대상 그리고 맥락과 관련이 있다. 누군가가 당신의 감정을 멋대로 취급한다거나, 겉으로 드러나는 감정으로 당신을 판단한다거나, 당신의 감정을 무시한다면 그것은 감정적인 경계를 침범하는 것이다.

이뿐만 아니라 개인의 정서적인 대화를 엿보거나 엿듣는 것 또한 감정적인 경계를 침범하는 행위이다. 예를 들면 다른 사람과 나누는 대화를 엿듣는 행위, 문자 메시지나 이메일을 엿보는 행위, 일기처럼 개인의 감정과 생각이 여실히 드러나는 사적인 기록을 허락 없이 염탐하는 행위 등이 그렇다.

성적인 경계에 관해서도 이야기해 보자. 이는 성관계에 내포된 정서, 소통, 신체 등의 측면과 관련이 있다. 성적인 경계를 침범하는 행위에는 합의되지 않은 신체 접촉뿐만 아니라 음란한 발언, 외설스러운 행동도 포함되며 성적인 접촉에 이르기 위해 저지르는 모든 형태의 압력이나 조종 등도 포함된다.

시간적인 경계는 삶에서 이루어지는 다양한 활동과 주변 사람들에게 쓰는 시간을 어떻게 관리하느냐와 관련이 있다. 누군가가 당신에게 예정된 시간보다 더 오래 함께 보내자고 하거나 직장 생활처럼 이미 일정 시간이 정해진 활동에 그보다 더 많은 시간을 투자하길 요구한다면, 이는 명백히 시간적 경계를 침범하는 행위다.

마지막으로 물질적인 경계가 있다. 이는 사물이나 재화의 개인 소유권에 관한 것이다. 이 소유권을 어떻게 사용할 것인지, 무엇을 그리고 누구와 공유하길 원하는지에 관한 문제이다. 누군가 허락 없이 당신의 물건을 훔치거나 빌려 간 물건을 가진다든지, 물건을 망가뜨려 놓고 원래 상태로 복구하지 않는다든지,

당신의 소유물을 자기 마음대로 사용하려고 당신을 압박한다면, 이는 모두 물질적인 경계를 침범하는 상황에 해당한다.

대인 관계에서의 경계는 다른 경계에 비해 식별하기 힘들거나 기준을 정립하기 어려운 경우가 있다. 물질적인 경계나 물리적인 경계처럼 시각적으로 확인할 수 있는 경우는 감정적인 경계처럼 눈으로 볼 수 없는 경우에 비해 상대적으로 규정하기 어렵지 않다.

누군가가 당신의 자동차 키를 자기 것인 양 아무렇지 않게 가져가는 일은 절대 있을 수 없다고 생각할 것이다. 그러나 누군가가 자기 뜻대로 하기 위해 당신의 감정을 조종하는 일은 생각보다 훨씬 더 자주 일어난다. 이처럼 우리는 물리적인 침해에는 즉각 반응하면서도, 정서적 '경계 침해'에는 쉽게 눈치채지 못한다.

이와 같은 맥락에서 수량화할 수 있는 경계를 설정하는 작업은 비교적 간단하다. 예컨대 시간적인 경계는 성적인 경계처럼 수량화할 수 없는 경계에 비해 경계를 설정하기가 더 수월하다. 친구가 약속 시간보다 한 시간 늦게 나타났다면 당신은 기분이 좋지 않다는 걸 겉으로 드러내도 된다고 생각할 것이다. 그런데 누군가 당신을 음흉한 시선으로 쳐다보았다는 이유로 당신의 기분 나쁜 감정을 표현하는 것이 앞의 경우와 똑같이 정당하다고 느끼지는 않을 것이다.

모든 유형의 경계를 똑같은 방식으로 판단할 수 없는 이유는 또 있다. 바로 교육과 문화를 통해 형성된 신념 때문이다. 가령 신체적으로 공격을 당한 경우, 당신은 아무런 의심 없이 자신을 방어할 권리가 본인에게 있다고 생각할 것이며 그에 대해 일말의 죄책감도 느끼지 않을 것이다. 그렇지만 누군가가 당신의 감정을 상하게 하고 심리적 안전성을 위협한다면, 당신은 상대방에게 행동을 고치라고 요구하면서도 마음속으로는 가책을 느낄지도 모른다.

두 가지 경우 모두 당신은 그저 피해로부터 자신을 보호하려고 하는 것일 뿐인데 대체 뭐가 다른 걸까?

경계를 정할 때 먼저 해결해야 할 과제는 모든 유형의 경계에 똑같은 비중을 부여해야 한다는 것이다.

한 가지 예를 들어 보자. 당신은 원하는 누구나 들어오라며 당신 집 현관문을 떼어 버릴 생각 따위는 절대로 하지 않을 것이다. 만약 그렇게 한다면 도둑질이나 피해를 볼 위험에 노출될 것이며, 이는 곧 당신과 당신 가족의 안전을 위협하게 될 것이기 때문이다. 그래서 함께 사는 가족들만 열쇠를 공유하여 현관문을 열고 들어올 수 있게 하는 것이다. 그리고 누군가 당신이 사는 집에 들어오고 싶으면 초인종을 눌러야 하며, 그를 집에 들일지 말지를 결정하는 것은 당신이다.

같은 개념으로 집 내부에도 각자의 방과 다른 공간을 구분하는 문들이 있다. 한집에서 같이 사는 가족이 개인 공간을 가지고, 그 공간의 문을 자신의 의지로 열거나 닫는다고 해서 불쾌해할 사람은 아무도 없다. 마찬가지로 누군가가 문을 닫은 채로 화장실을 이용한다고 해서 이상하게 생각하지도 않고, 자신이 문을 닫는다고 해서 스스로 죄책감을 느낀다거나 하지 않는다. 이 정도는 타인과 조화롭게 살아가는 데 필요하고 지극히 정상적인 경계라고 인정하는 것이다.

만약 한 친구가 자기에게 열쇠를 주지 않았다고 불같이 화를 낸다면 어떻게 반응하겠는가? 자기를 진정으로 사랑한다면 당신의 집을 언제든지 자유롭게 드나들 수 있도록 허락해 주어야 한다고 당신에게 요구한다면 뭐라고 할 텐가? 자기를 신뢰하지 않고 애정이 없어서 열쇠를 주지 않는 거라고 말한다면 어떻게 할까?

개인의 경계를 침해하는 행위를 애정의 증거로 포장하는 것은 심리 조종의 대표적인 형태다. 그가 자기 행동이 부당함을 인식하지 못한다면, 관계의 단절은 불가피할 것이다.

그게 무엇이든 경계를 지키지 않는다면, 당신의 사랑이 완전히 무조건적이길 기대한다면 문제다. 당신이 '아니요'라고 말할 때 불편해하거나, 정서적 욕구를 표현했을 때 귀찮아한다면 그 또한 마찬가지다. 결국 그런 태도는 당신 집의 열쇠를 내놓으라고 요구하는 그 친구처럼 뻔뻔하고 무례한 사람으로 보일 것이다. 이런 식이라면 당신이 아무리 그 사람을 사랑한다 해도 더는 양보하기 힘들 것이다.

그동안 생각해 온 것과는 다르게 들릴지 몰라도, 경계란 타인을 향한 사랑의 행위라 할 수 있다. 관계 속에서 당신이 원하는 바와 필요한 바를 명확하게 표현한다는 것은 더 편안하고 안전한 관계를 위해서 당신을 어떻게 대해야 하는지를 상대방이 알게 해 주는 것이며, 그런 과정을 통해 건강하고 단단한 관계를 유지할 수 있는 것이다.

말하자면 "나는 당신을 사랑하고, 우리의 관계가 오래도록 아름답게 이어지길 바랍니다. 그래서 내가 어떤 상황에서 기분이 좋은지 미리 알려 주려는 거예요. 당신이 억지로 내 마음을 추측하거나, 의도치 않게 상처 주는 상황이 되어서 우리 관계가 멀어지는 일을 막고 싶어요"라는 메시지를 전달하는 셈이다.

타인의 경계에 관심을 가지는 것은 가능한 한 가장 건강한 관계를 맺기를 원하며, 상대방이 가장 안전하다고 느끼는 방식으로 관계를 유지하고 싶다는 의지의 표현이다. 또한 그것은 자기 자신을 사랑하는 방식 중의 하나이기도 하다. 그러한 관계를 통해서 당신은 자신이 필요로 하는 것들에 귀를 기울이고 중요하게 여기게 될 것이며 타인과의 관계에서뿐만 아니라 당신 자신에게도 그런 태도를 유지하려 노력할 것이기 때문이다.

그러므로 경계는 첫째로는 타인을 존중하는 행위이다. "나의 경계를 당신에게 알리고 그것을 당신이 존중하기를 바라는 것처럼 당신의 경계를 나 또한 존중할 수 있도록 그것을 알려 주길 원합니다"라는 뜻이기 때문이다. 그리고 둘째로는 자기 자신을 존중하는 행위이다. 자신의 권리와 욕구를 소중히 여기는 동시에 다른 사람도 우리의 권리와 욕구를 존중하도록 하는 것은 자신을 인간으로서 가치 있게 하는 행위이기 때문이다.

또한 경계는 타인을 받아들이는 행위를 의미한다. 이는 관계에서 상대방이 허용하는 경계와 당신이 허용하는 경계는 크게 다를 수 있지만, 그렇다고 해서 그것이 타당하지 않다는 것은 아니라는 뜻을 내포하고 있기 때문이다. 그리고 경계는 자기 자신을 받아들이는 행위이기도 하다. 섣불리 판단하거나 죄책감을 느끼지 않으면서 자신의 욕구와 욕망을 인식하고 확인하는 과정을 수반하기 때문이다.

기본적인 자아 존중 권리를 말하지 않고서는 경계가 무엇인지 제대로 이해할 수 없다. 자아 존중 권리는 사람이라는 이유만으로도 누릴 수 있는 권리이며, 자기 자신과 다른 사람의 욕구를 보호하고, 우리 자신과 다른 사람의 자유가 시작되고 끝나는 지점을 결정하는 권리이다. 자아 존중 권리에 근거하여 존중과 윤리 및 도덕규범을 확립하는 동시에 자기 자신과 다른 사람에게 부여하는 대인 관계의 경계를 설명할 수 있다. 기본적인 자아 존중 권리는 다음과 같다.

- 자신의 느낌, 감정, 생각, 욕구를 표현할 권리
- 존중받고 존엄성을 지키며 대우받을 권리
- 반대 의견을 말할 권리
- '아니요'라고 말할 권리
- 무언가를 좋아할 권리
- 무언가를 좋아하지 않을 권리
- 마음을 바꿀 권리
- 실수할 권리
- 자기 자신의 인생, 몸, 시간에 관해 결정할 권리
- 자신만의 우선순위를 가질 권리

권리 행사에는 당연히 책임이 수반되어야 한다. 이 열 가지 권리의 경우에는 단 하나의 책임, 즉 다른 모든 사람이 이를 존중해야 한다는 전제가 수반된다.

어린이의 경우에는 마지막 두 가지를 제외하고 다른 모든 권리를 똑같이 가진다. 다만, 그들의 결정이 자신이나 다른 사람의 안전을 위협하지 않는 범위 안에서만 해당한다. 자기 존중 권리가 특히 유년기에 중요한 이유는 이 시기에 자기 자신과 다른 사람들 그리고 세상에 대한 신념 체계가 형성되기 때문이다. ==어린 시절에 자아 존중 권리가 결핍되면 성인이 되어서도 그러한 권리가 자기에게는 없다고 생각하게 되어 자신의 권리를 보호할 수 없게 된다. 어린이에게 자아 존중 권리를 박탈하면 아이는 다른 사람에게 쉽게 조종당하고 학대에 취약해질 수밖에 없다.== 자신의 감정을 표현하고, '아니요'라고 말할 수 있고, 생각을 전달하고, 스스로 결정할 자격이 자신에게 있다고 생각할 수 없게 되는 것이다. 이런 이유로 어린이들의 자아 존중 권리에 더 깊은 관심을 가져야 한다. 우리가 그들의 권리를 존중한다면, 어린이들은 스스로 자신의 권리를 행사하고 보호하는 법을 배우게 될 것이다.

인간의 학습법 중 가장 기본적인 방법은 바로 모방이다. 어린이는 형제나 친구, 애니메이션에 등장하는 인물들 그리고 특히 어른의 모습을 보고 배우며 습관을 형성한다. 그러므로 어른인 우리는 어린이들의 자아 존중 권리를 존중하는 것을 넘어 우리 자신과 타인의 권리를 보호하는 모습을 어린이에게 보여 주어야 한다. 아이에게 가르치고 싶은 것을 우리 스스로 실천하지 않는다면 그 어떤 말도 아이의 마음에 가닿지 않을 것이다.

경계가 아닌 것은 무엇인가?

경계란 누군가에게 해야 할 것과 하지 말아야 할 것을 말해 주는 것이 아니다. 다른 사람에게 어떤 행동을 요구하거나 금지하는 것과는 거리가 멀다. **경계란 관계에서 당신이 필요로 하는 것을 상대방에게 표현하고 어떻게 하면 기분이 좋은지 표현하는 것에 관한 것이다.**

필요로 하는 것을 표현할 권리가 있다고 해서 다른 사람의 감정을 고려하지 않고 아무렇게나 행동해도 된다는 것은 아니다. 표현의 자유와 자신이 원하는 것을 있는 그대로 드러내는 행동을 혼동해서는 안 된다. 나의 자유는 다른 사람의 권리가 시작되는 곳에서 끝나기 때문이다. 예를 들어 "매일 집에 돌아오면 나에게 메시지 하나 보내 줘"라고 말하는 건 경계 있는 행동이 아니다. 이는 그것을 원하는지 원하지 않는지를 결정할 권리가 있는 상대방을 존중하지 않고 자기가 원하는 것만을 강요하고 강제하는 경우다. 물론 당신의 바람이나 욕구를 표현할 수는 있다. 그런데 "집에 돌아오면 나에게 메시지 보내 주면 좋겠어. 그러지 않으면 걱정돼서 말이야"라고 말하면 어떨까? 이때 상대방은 요청을 수락할지 말지 솔직하게 표현해야 한다.

경계는 옳고 그름을 판단하는 대상이 아니다. 원하는 것과 필요한 것은 선택의 문제가 아니라 느껴지는 것이다. 따라서 우리는 스스로 자신의 경계를 판단할 수 없다. 타인의 경계에 관해서도 마찬가지다. 그저 그것을 받아들이고 존중해야 한다. 그리고 나의 경계와 타인의 경계가 양립할 수 없는 경우에는 그 관계를 계속 유지하고 싶은지, 그렇지 않은지를 결정해야 한다.

이 점은 처음에 생각했던 것보다 더 논란의 여지가 있었다. 건강하지 않은 바람이나 욕구가 있기 때문이다. 제한적인 신념이나 개인의 불안에서 기인하는 이러한 생각들은 당신 자신과 당신이 맺는 관계에 해를 끼친다.

예컨대 통제가 필요하다는 생각이 지나치면 결국 당신 자신과 주변 사람들에게도 결국 해를 끼치게 될 가능성이 크다. 이 경우 통제의 욕구에 관해 판단하려 해서는 안 된다. 그런데 스스로 질문할 수는 있다. '나는 왜 그런 통제가 필요하다고 생각하는가?' '나에게 좋은 것인가, 나쁜 것인가?' '내가 다른 사람들과 맺고 있는 관계와 내가 좋아하는 사람들에게 어떤 영향을 미치는가?' '개인적인 불안과 관련이 있나?' 이렇게 판단하는 대신 여러 방면으로 생각해 본다면, 욕구에 대한 인식을 제고할 수 있을 것이다.

마지막으로, 경계 설정은 이기적인 행동이 아니다. 오히려 그 반대다. 관계를 가능한 한 잘 유지하고, 관계를 맺고 있는 사람들이 그 속에서 편안하고 관계에 최선을 다할 때야 비로소 경계를 설정할 수 있다.

무엇이 경계이고 무엇이 경계가 아닌지를 구분하는 것은 경계가 다른 사람과 내가 맺는 관계를 돈독히 하는 장치이자 자신과 타인의 존엄성을 지지하는 기반이며, 건강한 사랑을 이어가는 데 꼭 필요한 요소임을 이해하기 위해 내딛는 첫걸음이다.

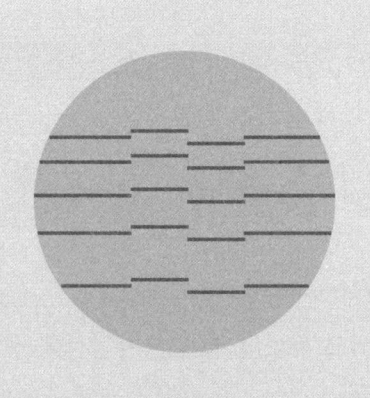

2

관계, 사랑 그리고 행복

좋은 인생은 좋은 관계 위에 지어진다.

로버트 월딩거 Robert Waldinger*

* 미국의 정신과 의사 겸 정신 분석가(1951년~)

획기적인 연구

아리스토텔레스Aristotle가 살던 시대부터 지금에 이르기까지 인류 역사를 통틀어 위대한 사상가, 철학자, 심리학자, 인류학자, 과학자를 비롯한 지식인들은 행복이 무엇이고, 무엇이 인간을 행복하게 만드는지에 관한 연구에 관심을 기울였다.

'무엇 때문에 사람들은 다른 사람들보다 더 행복하다고 느끼는 걸까?' '행복은 키울 수 있는 것인가?' '행복을 인식하는 데 영향을 미치는 요인은 무엇인가?' '행복은 날 때부터 주어지는 것인가, 아니면 만들어지는 것인가?'

우리 인간은 수 세기 동안 행복에 대해 끝없는 질문을 이어 오고 있지만, 여전히 확실한 대답은 찾지 못하고 있다. 지금까지도 말이다.

미국 하버드대학교는 행복이라는 주제로 지금까지 진행된 연구 중 가장 오래되고 특별한 프로젝트를 진행하고 있다. 연구 초반, 724명의 피실험자를 대상으로 시작하여 75년이 넘는 세월 동안 무엇이 그들을 행복하게 해 주는지를 조사하고 있다.

이 실험에는 청소년부터 성인까지 다양한 사회 경제적 배경을 가진 사람들이 참여했으며, 그들의 직업, 가족, 성생활, 습관, 건강, 재정 상태 등에 관한 자료가 매년 축적되었다.

실험이 진행되는 동안 피실험자뿐만 아니라 그들의 자녀와 배우자도 연구 대상이 되었기에 수집된 자료는 수천 페이지에 달하는데, 이를 분석한 결과 과학자들은 깜짝 놀랄만한 사실을 발견하게 되었다. 연구의 책임자인 로버트 윌딩거는 8세기에 걸친 행복에 관한 연구는 그 결과가 매우 명확하다고 말했다.

> 행복은 경제 수준, 학력, 사는 집, 먹는 음식과는
> 아무런 관계가 없습니다. 행복을 결정짓는 요인은
> 가장 가까운 사람들과 맺는 관계의 질입니다.

놀라운 결과였다. 행복의 열쇠가 다른 사람과 관계를 맺는 방식에 있다는 사실을 과학적으로 입증한 첫 번째 사례였기 때문이다. 그리고 관계는 행복뿐만 아니라 건강과도 밀접한 관련이 있다는 것도 밝혀냈다.

1976년부터 2004년까지 이 실험을 주도한 정신과 의사 조지 베일런트 George Vaillant는 노화와 더불어 건강에 가장 큰 영향을 미치는 요인에 관한 책을 집필한 바 있다. 그는 책에서 유전

요인, 운동, 식단, 알코올 및 약물 남용 등이 건강에 어떤 영향을 미치는지 설명한다. 그리고 그는 반론의 여지가 없는 결론으로 논문을 마무리했다.

> 건강한 노화의 열쇠는 관계 그리고 관계,
> 또 역시 관계이다.

이 연구 결과가 놀라웠던 이유는 관계가 건강과 동시에 장수에도 결정적인 영향을 미친다는 사실을 발견했기 때문이다. 예컨대, 건강하고 질 높은 관계를 유지한 50대는 그렇지 않은 사람에 비해 80대까지 더 좋은 건강 상태를 유지했고, 안정적인 관계를 유지한 노년층은 그렇지 않은 사람들보다 인지적, 신체적으로 덜 감퇴했으며, 장기 기억력 또한 잘 유지되었다. 이뿐만이 아니다. 충만한 관계는 스트레스 조절과 수면의 질에 긍정적으로 작용하여 여러 가지 심각한 질병을 예방하는 데 매우 중요한 요소라는 결론도 도출했다.

이러한 결론을 뒷받침하는 연구들이 이후로도 여러 차례 발표되었다. 다양한 분야에서 수행된 이 연구는 건강을 신체적, 정신적, 정서적 영역으로 구분해 이해하고 접근하는 방식으로 연구 방식에 중요한 전환점을 마련했다.

마스터피스

　　　　　　　　　　동공을 뚫고 들어와 영혼을 울리는 명작들이 있다. 꽉 막힌 목구멍 속 꼬인 매듭을 풀어 주고, 첫 세 음만 듣고서도 온몸의 털이 곤두서는 느낌을 주는 걸작이 있다. 세상에 의미를 부여하는 이런 모든 예술 작품이 존재할 수 있는 것은, 엄청나게 특별하고 숭고한 이것 덕분인데, 바로 뇌이다.

　뇌의 기능에 관한 연구는 경이로움 그 자체다. 우리 뇌의 영역, 구조, 뉴런, 뉴런을 구성하는 원자 입자가 각각 어떻게 특정 기능을 수행하는지 밝혀낸다. 연구 결과들을 보고 있자면 자연의 위대함에 새삼 놀란다.

　노래를 들으며 감동하고, 어떤 장소를 지나다가 문득 어린 시절을 떠올리게 하는 냄새를 맡고, 사랑에 빠지고, 소설을 읽고, 새로운 것을 배우고, 아침에 자리에서 일어나 커피를 내리고… 평생에 걸쳐 행하는 이런 모든 크고 작은 감각과 생각, 행동은 특정 유형의 정보를 처리하는 데 특화된 신경 세포, 즉 뉴런이 존재하기에 가능하다.

한 가지 예를 들어 보자. 가족과 식사하는데, 식탁 반대편에 앉아 있던 식구가 갑자기 "여기 간다. 잡아!"라고 소리치면서 당신에게 무언가를 던진다고 상상해 보라. 문제의 물체가 날아오는 그 짧은 몇 초 동안 당신 뇌의 특정 영역에서는 수십억 개의 뉴런이 활성화한다. 이는 당신이 미처 인지하지도 못하는 사이에 곧 일어날 일을 인지하고 분석하여 반응하게 하는 데 특화된 영역이다.

머리 뒷부분인 후두엽에는 시각 체계의 일부를 형성하는 뉴런들이 있다. 이들 뉴런은 각각 물체의 표면을 분석하거나 색깔, 형태, 크기, 속도, 움직이는 방향 등을 감지하는 등의 역할을 수행한다. 이러한 특수 뉴런 집단은 수천분의 1초 만에 정보를 다른 특정 뉴런 영역으로 전달한다. 그러면 의미 기억, 즉 우리가 아는 모든 사물에 관한 데이터를 저장하는 정신적 백과사전이 즉시 활성화하고, 백과사전에서 가장 잘 맞는 단어를 찾아 그것을 시각 시스템에서 통합한 정보와 연결한다. 그리하여 당신은 자신을 향해 저돌적으로 날아오는 물체가 오렌지임을, 사과도 아니고 테니스공도 아닌 바로 오렌지임을 알아차리게 되는 것이다.

▶ 어떤 불빛에서 나온 전자기파가 물체에 도달한다. 전자기파 중 일부는 흡수되고, 나머지는 반사되어 우리 눈에 도달한다.

▶ 빛의 파장이 망막에 도달하면 광수용체 세포가 활성화하여 전기 신호를 방출한다.

▶ 방출된 전기 신호는 단순화되어 시신경을 통해 뇌로 전달된다.

▶ 결국 뇌의 뒷부분, 즉 일차 시각피질에 도달하게 되는데, 여기서 정보가 처리된다.

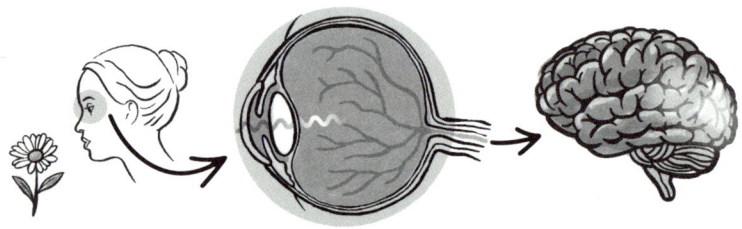

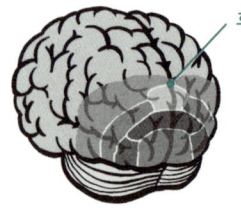

후두엽

시각을 담당하는 후두엽에서 처리되는 정보는 아래와 같다.

1. 전반적인 탐색   4. 색깔
2. 입체시   5. 움직임
3. 깊이와 거리   6. 물체의 절대위치 결정

이게 다가 아니다. 후두엽에서 이 모든 정보를 처리하는 동안 우리의 전두엽은 물체를 피할 수 있도록 움직이기로 결정하여 상체 움직임을 담당하는 뉴런에 몸통, 팔, 머리 근육을 한쪽으로 움직이라는 명령을 내려 오렌지에 맞지 않도록 한다. 그리고 반사 작용을 담당하는 뇌의 또 다른 영역은 발생할지 모를 충격으로부터 눈을 보호하기 위해 눈을 감도록 조치한다. 여기서 끝이 아니다. 이런 일들이 일어나는 동안 수십억 개의 뉴런이 활성 상태를 유지하여 호흡, 혈액 순환, 근육의 탄력 유지, 괄약근 조절, 눈 깜박임, 소화 등을 조절한다. 게다가 만약 당신이 오렌지를 피하면서 "무슨 짓이야?"라고 소리를 지른다면, 그 순간 복잡한 언어 체계도 활성화하여 신경 영역에서 동일한 양의 정보를 교환하고 감탄사를 내뱉는 일이 가능해진다. 뇌는 이토록 매혹적이고 복잡한 기능을 담당하고 있다.

이미 언급했듯이 이런 일은 수천분의 1초 단위로 자동으로 일어나며, 뇌가 수행하는 기본적인 기능 중 하나이다. 글쓰기, 악기 연주, 휴가 계획, 수학 문제 풀기 등 고난도의 활동에서 작동하는 복잡한 메커니즘은 그저 상상만 할 수 있을 뿐이다.

관계가 건강과 행복을 주관적으로 인식하는 데 미치는 영향에 관한 신경 심리학 연구로 다시 돌아가 보자. 관계가 건강과 행복에 영향을 미치는 현상의 발생 메커니즘을 밝히는 연구에 진보를 이룬 신경 과학자들 덕분에 우리는 관계가 어떤 방식으로 뇌에 영향을 미치는지 알게 되었다.

누군가가 당신을 적대적으로 대하면 부정적인 감정을 느끼고, 반대로 친절하게 대하면 기분이 좋아지는 경험을 한 적이 있을 것이다. 이러한 느낌을 우리는 감정이라고 부르며, 이는 다른 사람의 말이나 행동 같은 자극에 대한 반응으로, 감정 처리를 담당하는 뇌의 가장 중요한 구조인 대뇌변연계에서 생성된다.

자극에 대한 반응으로 뇌에서 방출되는 호르몬 또는 신경 전달 물질의 종류에 따라 즐겁고 유쾌하거나 불쾌하고 고통스러운 감정들을 느끼게 된다. 누군가가 당신을 적대적으로 대하면 당신의 신경 전달 물질과 호르몬 수치에 일련의 변화가 일어나 불쾌한 감정적 느낌을 경험하게 된다. 반대로 누군가가 당신을 친절하게 대하면 뇌에서 다른 유형의 화학적 변화가 일어나서 유쾌한 감정이 일어난다.

코르티솔이 체내에서 장기간 분비되면 잠재적으로 건강을 위협하는 요인이 된다. 심장질환, 고혈압, 뇌졸중, 지방 대사 문제, 소화기 장애, 기억력 감퇴, 집중력 저하, 불안, 우울감 등을 일으킬 수 있다. 따라서 당신을 부당하게 대우하거나 나쁘게 평가하는 사람이 주변에 있다는 것은 건강에 매우 중대한 위험 요인이 될 수 있다.

이 모든 연구의 결과는 결코 간과할 수 없다. 인류는 오랫동

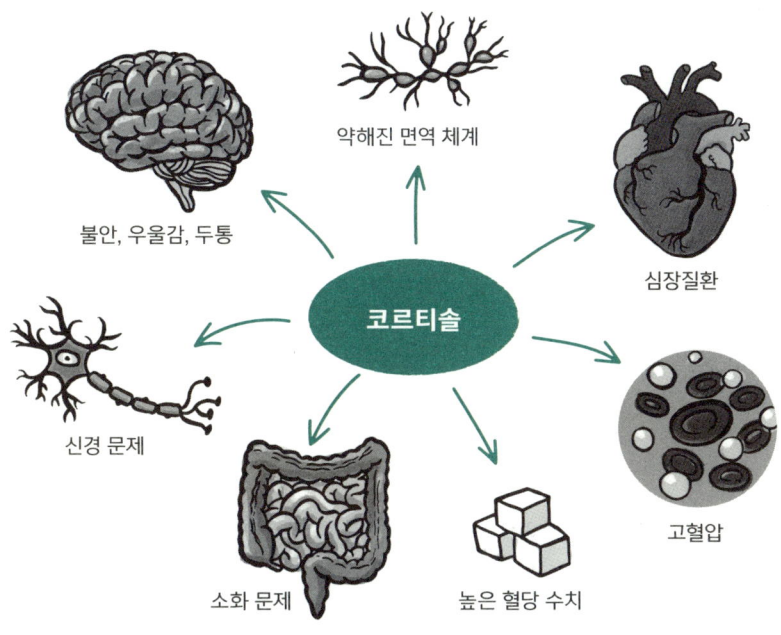

안 식단, 운동, 금주, 약물 금지 등 건강한 삶을 유지하는 비결을 알아내려 노력해 왔지만, 자신을 적대적으로 대하는 사람들과의 관계가 건강에 미치는 영향에 관해서는 완전히 무지했다. 그런데 연구 결과, 관계가 건강한 삶을 살아가는 데 필요한 가장 결정적인 요소 중 하나로 밝혀진 것이다.

대인 관계의 영향에 관한 다양한 과학 연구 결과가 밝혀지면서 우리는 그 어느 때보다 관계에 대해 깊이 생각해 보게 되었다. 그런 생각의 끝에 질문들이 생겨나고, 질문은 또 다른 질문들과 얽히고설켜 마침내 거대한 질문의 그물이 형성되었다.

그렇다면 건강한 관계란 어떤 것인가? 건강한 동시에 고통스러운 관계가 있을까? 독이 되는 관계에서 행복을 찾을 수 있을까? 관계의 질을 향상하는 요소는 무엇일까? 어떻게 하면 관계를 개선할 수 있을까? 상처가 되는 관계를 맺고 있다면 어떻게 해야 할까? 갈등은 나쁜 관계를 예고하는 신호인가? 독이 되는 관계를 건강한 관계로 '뜯어고쳐서' 건강한 관계로 바꾸는 일이 가능할까? 경계 설정과 유연성을 갖추는 일 사이의 균형점을 찾아 건강하게 공생하려면 어떻게 해야 할까? 소통 방식은 관계에 어떻게 영향을 미치는가? 다른 사람에게 상처 주지 않으면서 나의 불쾌감을 표현하는 방법은 없을까? 적대감을 어느 정도까지 참아 낼 수 있을까?

질문은 상당히 길고 복잡하지만, 이제 하나씩 답을 찾아보자.

3

양질의 관계

가장 중요한 것은 눈에 보이지 않아.

앙투안 드 생텍쥐페리 Antoine de Saint-Exupéry*

* 프랑스의 소설가이자 공군 장교(1900년 6월 29일~1944년 7월 31일 추정)

질 좋은 물건 vs. 질 높은 관계

휴대폰이나 구두, 고급 포도주 등의 물건을 구매했을 때를 떠올려 보자. 아마도 당신은 여러 선택지를 비교한 뒤 마침내 하나를 골랐을 것이다.

다양한 선택지 중 한 가지를 골라야 할 때, 우리의 뇌는 심미적 요소나 디자인을 제외하고 아래의 세 가지 요소를 중점적으로 고려한다.

1. 필요성 충족

2. 제품의 품질

3. 예상 금액

뇌는 이 세 가지 요소를 자동으로 떠올린다. 이번에는 아래의 질문들에 대한 답을 빠르게 생각해 보자.

1. 구형 휴대폰과 최신형 휴대폰에 같은 금액을 투자하겠는가?
2. 운동할 때 신을 신발이 필요한데 욕실용 슬리퍼를 사겠는가?
3. 상그리아용 포도주를 결혼식 하객 대접용으로 선택하겠는가?

당신은 각각의 질문에 대하여 필요성과 제품의 품질, 가격이라는 세 가지 요소를 고려하여 답을 생각할 것이다. 그리고 우리 뇌의 일부인 전두엽에 있는 특정 뉴런들이 이 세 가지 요소를 균형 있게 저울질하여 당신이 미처 깨닫지도 못한 사이 수천분의 1초 만에 '아니요'라는 대답을 하게 될 가능성이 크다. 이는 당신이 제품의 질을 보장하려면 어떤 요소들이 충족되어야 하는지 이미 잘 알고 있고, 가격과 품질 관계의 중요성 또한 알고 있기에 가능한 일이다.

그런데 우리 삶에서 물건의 품질보다 훨씬 더 중요하고 영향력 있는 관계의 질에 관해서는 제대로 알지 못하는 경우가 많다. 이는 우리가 관계보다 물건의 품질을 더 중시하는 사회에 살고 있기 때문이다. 우리 사회는 나를 둘러싼 주변 사람들보다 물질적 소유에 더 큰 가치를 둔다.

이는 사람들로 하여금 지금보다 더 많이 소비하거나 지금 소유하고 있는 것보다 더 나은 것을 가지면 더 행복해질 거라고 생각하게 하며, 진정으로 가치 있는 것이 무엇인지를 완전히 무시하는 사회 풍토 때문이다. 앙투안 드 생텍쥐페리는 그의 책 『어린 왕자』에서 관계의 중요성에 관해 "가장 중요한 것은 눈에 보이지 않아"라고 말한 바 있다. 그럼에도 우리는 '최신 휴대폰이 있으면 더 행복해질 거야'라고 생각하며 막연하게 허황한 것을 좇아 평생을 보낸다. 그렇지만 설령 바지 주머니에 최신 휴대폰을 넣고 다녀도 우리가 갈망하는 행복은 여전히 멀리 있다는 것을 깨닫게 된다.

더 좋은 차를 사야 행복할 것 같지만, 행복이나 불행이 차에 달려 있지 않다는 것은 일단 차가 차고에 들어오고 나면 알 수 있다. 휴가를 즐길 요량으로 별장을 구하지만, 그 기쁨이 그리 오래가지 않는다는 걸 휴가가 시작됨과 동시에 깨닫게 되는 것처럼 말이다.

거의 모든 소비 행위가 이런 깨달음의 반복이다. 우리는 행복이 나의 외부에 있으며 더 좋고, 더 크고, 더 비싼 것을 얻는 데 있다고 믿는다. 하지만 그건 사실과 전혀 다르다.

광고 산업

당신이 평생 보아 온 광고들을 생각해 보라. 광고 속 제품을 소비하면 행복해지는 게 아니라, 질 높은 관계에서 비로소 진정한 행복을 찾을 수 있다고 말하는 광고가 있었다면 어땠을까? 만약 그랬다면 당신은 어릴 때부터 가족, 친구와 관계를 맺는 방식 그리고 또 그들이 당신과 관계를 맺는 방식을 중요하게 생각했을 것이다.

당신 자신이 부당한 대우를 받는 것을 묵인하지 않았을 것이고, 당신 또한 다른 사람을 부당하게 대하지 않았을 것이다. 존중받지 못한다고 느꼈다면 그 관계를 유지하지도 않았을 것이고, 타인을 대하는 당신의 태도에도 더 많은 주의를 기울였을 것이다. 누군가가 당신을 악의적으로 이용하도록 내버려두지 않았을 것이며, 다른 사람이 당신에게 무언가를 제공하면 기꺼이 그에 대해 보답했을 것이다.

당신은 자신이 욕망하고 필요로 하는 것에 더 귀를 기울였을 것이다. 다른 사람 또한 필요로 하는 것이 있으며 그것이 당신의 그것과 같을 수 없다는 것, 그렇다고 해서 그가 나쁜 사람이 아니라는 것을 이해할 수 있었을 것이다.

그뿐만이 아니다. 당신은 긍정적으로 의사소통할 수 있는 비법을 더 많이 터득했을 테고, 누군가의 거절을 무시하는 의사로 오해하지도 않았을 것이며, 결과적으로 양적으로나 질적으로나 더 나은 관계를 유지할 수 있었을 것이다.

그러나 우리 사회는 관계와 배려가 아니라 상품과 서비스의 소비에 기반하고 있는 것이 현실이다. 이제 와 불평해 봐야 아무 의미 없지만, 더 나은 미래를 위해 한 번쯤 되돌아보는 것은 어떨까.

양질의 관계란?

이처럼 개인의 관계에 우선순위를 두도록 인식을 개선하기 위해 먼저 양질의 관계란 무엇인지 이해할 필요가 있다.

당사자들이 자신의 욕망과 욕구, 경계를 거리낌 없이 표현할 수 있고, 동시에 다른 사람의 욕망과 욕구, 경계 또한 받아들일지 말지 자유롭게 결정할 수 있는 상태일 때 양질의 관계를 형성한다고 말할 수 있다. 다시 말해 의사소통, 대우, 행위가 배려와 존중을 바탕으로 이루어지며, 당사자 중 누구도 의식적이든 무의식적이든 관계를 조종하지 않는다.

또 서로에게 필요한 것, 불편한 점이 무엇인지 존중과 애정을 바탕으로 자유롭게 묻고 소통할 수 있으므로 서로 어떻게 대해야 하는지 잘 안다. 갈등이 발생하더라도 파괴적이지 않기 때문에 관계가 무너지지 않으며, 서로를 지지하는 마음을 저버리지도 않는다.

용서와 감사, 사랑의 마음이 진심 어린 말이나 행동으로 표현되는 관계가 바로 양질의 관계이다.
이 조건들은 양질의 관계를 유지하는 데 필수적이지만, 구성원들은 각자의 가치관에 따라 이 외에 다른 조건이 필요하다고 생각할 수도 있다. 관계를 맺는 방식은 사람마다 다르고 개인적이기 때문에 누구나 각자의 기준과 자신이 맺는 관계의 특성에 따라 건강한 관계를 형성하는 데 필요한 기초를 바탕으로 무엇이 필요하고 필요하지 않은지 스스로 결정해야 한다.

당신이 맺고 있는 관계가 양질의 관계인지 그렇지 않은지를 확실하게 구분하는 방법은 당신의 삶에서 가장 중요한 사람들과 어떤 관계를 형성하고 있는지 되돌아보고, 양질의 관계에 필요한 조건들이 얼마나 충족되는지 0에서 10까지 점수를 매겨 보는 것이다. 58쪽의 예시처럼 표를 만들어서 평가해 보자.

0에서 10까지의 척도로 관계를 수량화하는 것은 매우 주관적인 작업이다. 각각의 조건을 인식하는 방식에 따라 평가가 달라지므로 정답도 없고 오답도 없다. 관계를 이런 식으로 분석하면 추상적인 관계를 정확하고 관리할 수 있는 관계로 전환할 수 있으며, 관계의 어떤 면이 힘들고 또 그렇지 않은지 구체적으로 알 수 있어서 어떤 부분에 더 집중해야 할지 파악하기 쉽고, 무모한 결정을 내리는 실수를 피할 수 있다.

점수를 해석하는 것 또한 당신이 허용 가능하다고 생각하는 바에 따라 달라질 수 있다. 그러나 관계와 삶의 모든 측면에서 10점을 받길 바라는 마음은 현실적이라기보다 이상적인 목표라는 점을 염두에 두자. 만점을 받는 데 집착하면 계속 좌절감을 느끼고 긍정적인 측면을 즐길 수가 없어서 영구적인 불만 상태에 빠지게 된다.

어떤 측면이든 7점 정도로 평가된다면 매우 긍정적이다. 8점이라면 훌륭하다 할 수 있을 것이고 그 이상이라면 기적에 가까운 일이다. 그러니 이 표를 기준으로 당신이 현재 맺고 있는 관계가 양질의 관계인지 그렇지 않은지를 명확하게 파악할 수 있으며, 만약 양질의 관계가 아니라면 구체적으로 어떤 부분을 개선해야 할지 파악할 수 있다.

나와 관계를 맺는 대상 ➡	어머니	아버지	배우자	친구 A	친구 B
관계 구성원들이 자신의 욕망과 욕구, 경계를 거리낌 없이 표현할 수 있다.	3				
관계 구성원들이 상대방의 욕망과 욕구, 경계를 받아들일지 말지 자유롭게 결정하고 그에 따라 행동할 수 있다.	2				
존중을 바탕으로 의사소통하고 다른 사람의 의견을 무시하거나 자기 의견을 강요하지 않는다.	3				
당사자 중 누구도 의식적이든 무의식적이든 관계를 조종하지 않는다.	1				
서로에게 필요한 것, 불편한 점이 무엇인지 자유롭게 묻고 소통할 수 있으므로 서로 어떻게 대해야 하는지 알고 있다.	3				
갈등이 발생하더라도 파괴적이지 않기 때문에 관계가 무너지지 않으며, 서로를 지지하는 마음을 저버리지도 않는다.	4				
용서와 감사, 사랑의 마음을 진심 어린 말이나 행동으로 표현한다.	6				

마지막으로 이 평가법을 최대한 활용하는 방법은 낮은 점수를 받은 측면에 대해 문제를 개선하는 데 도움이 되는 정보를 얻을 수 있도록 스스로 질문을 해 보는 것이다. 예컨대, 첫 번째 측면에서 3점을 받았다면 이런 질문을 해 볼 수 있다.

'왜 나는 7점이 아닌 3점을 주었을까? 7점으로 평가하려면 어떤 관계여야 했을까? 나는 비난당하는 사람인가, 아니면 비난하는 사람인가? 이런 일은 언제 일어나는가? 이런 일은 어떻게 일어나는가? 만약 내가 비난당한다고 느낀다면, 그것은 상대의 행동 탓인가, 아니면 내 마음의 상처 때문인가?'

이렇게 표를 바탕으로 관계의 질을 평가하는 연습을 한다면, 관계나 당신 자신 안의 약점을 들여다보고 문제를 해결하는 데 필요한 정보를 충분히 얻을 수 있을 것이다.

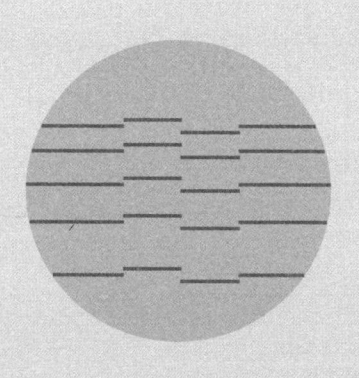

4

문화, 신념, 양육 태도

한 명의 아이, 한 명의 선생님,
한 권의 책, 한 자루의 펜이 세상을 바꿀 수 있다.
교육만이 유일한 해결책이다.

말랄라 유사프자이 Malala Yousafzai*

＊파키스탄의 여성 교육 운동가(1997년 7월 12일~)

세계 모델

　　　　　　　　심리 치료를 시작하려는 사람은 어린 시절의 트라우마, 낮은 자존감, 배우자와의 관계, 기분 장애, 정신 질환, 슬픔, 내적 갈등 등 다양한 이유로 전문가를 찾는다. 그런데 그 이유가 무엇이든, 연인이나 배우자, 가족, 친구, 직장 상사나 동료와 같이 가까운 사람들과 관계를 맺는 방식이 항상 이런 문제에 영향을 미치기 마련이다. 따라서 치료 과정 전반에서 다루는 중요한 측면 중 하나는 어린 시절과 마찬가지로 현재 주변 사람들과 맺고 있는 관계이다.

　즉 개인의 세계 모델world model에 따라 형성되는 관계의 질과 그 관계 안에서 일어나는 의사소통의 방식 등이 다루어진다.

　누구나 자신만의 세계 모델이 있다. 이는 타인들의 그것과 다른 유일무이한 것이며, 자신의 '마음의 필터'에 의해 형성되어 현실을 특정한 방식으로 보고 해석하게 한다. 이 필터는 당신 자신의 경험과 신념, 가치관, 행동 배경, 교육 수준, 문화, 기대, 성격, 기분 등으로 구성된다. 개개인이 현실을 특정한 방식으로 보고, 하나의 사실을 두고 사람마다 다른 해석과 관점이 존재하는 것도 이 때문이다.

이처럼 누구에게나 자신만의 필터를 거쳐 구축된 세계 모델이 있다는 걸 이해한다면, 당신은 더 관용적인 태도를 보이게 될 것이며 타인과 더욱 건강하고 서로 존중하는 관계를 맺을 수 있을 것이다.

심리 치료에서 관계를 분석할 때는 항상 대상의 세계 모델 범위 내에서 관계를 파악해야 한다. 그래야만 관계에 진정한 의미를 부여할 수 있고 개별적으로 적응에 문제가 될 수 있는 측면을 알아낼 수 있다.

그런데 이러한 분석 방법을 적용할 때 경계 설정에 어려움이 나타난다. 자신의 경계를 인식하는 방법을 모르거나, 경계를 설정하려고 하지 않는 사람도 있다. 어떤 사람은 경계에 대해 소통하는 방법을 모른다. 자존감이 부족하거나 자신에 대한 믿음이 부족해서 자신의 경계, 욕구, 욕망보다 타인의 그것을 더 중요하게 여기는 사람이 있는가 하면, 자신의 욕구와 욕망, 경계만을 지키려 하고 타인의 그것을 존중하지 않는 사람도 있다.

문화

정신 건강과 심리학을 연구하는 과학자들이 관계의 질이 신체·정서적 건강에 미치는 영향에 관한 수많은 연구 결과를 세상에 내놓았어도 학교의 교육 계획이나 대학, 기업, 노인 센터의 운영 프로그램들은 제자리걸음이다. 그들은 여전히 학업적 성취와 생산성에만 몰두하고 있다. 그런 것들이 자신에 대해 더 좋은 감정을 느끼고 자신의 감정을 이해하는 데 전혀 도움이 되지 않지만, 시스템을 유지할 수 있다는 이유로 사람들은 자신과 타인이 더 나은 관계를 형성하고 유지하도록 돕는 유일한 지능인 감성 지능을 등한시하고 있다.

최근 몇 년 동안 우울감, 불안을 비롯한 정신 질환 사례와 자살률이 급격히 증가했다. 그러나 감성 지능과 사회적 관계 관리에 관한 정책을 선거 공약에 내건 정당은 어디에도 없었다.

만약 어릴 때 외국어나 수학을 배우듯이 다른 사람과 건강한 관계를 맺고, 자기 자신과 자신의 권리를 존중하며, 생각과 느낌을 적극적으로 표현하고 효과적으로 소통하며, 경계를 세우고 죄책감 없이 '아니요'라고 말하는 법, 또 누군가에게 그런 말을 들었을 때 기분 나빠하지 않는 법을 배웠다면 우리 삶은 완전히 달라졌을 것이다.

그러나 앞서 말했듯, 우리 사회와 문화는 관계의 질을 우선시하지 않았다. 그 결과 텔레비전이나 학교, 가족 같은 주요 사회화 대행자들이 규범과 가치관, 행동 모델을 전파했음에도 우리의 삶을 근본적으로 변화시키지는 못했다. 아니, 오히려 그 반대라고 하는 편이 맞다.

많은 사람, 특히 2000년 이전에 태어난 사람들과 여성들이 그런 교육을 받았다. 그 결과 자신이 원하지 않는 일을 하더라도 친절하고 고분고분하게 처신해야 했고, 사랑받기 위해서는 자신의 욕망을 부정하더라도 다른 사람의 욕망을 충족시켜야 한다고 믿게 되었다.

또 자신의 행동과 외모가 사회로부터 인정받을 때만 자신이 가치 있는 사람이라고 생각하게 되었다. 그것이 자신을 배신하거나 건강을 해치더라도 말이다.

그뿐만이 아니다. 어머니, 아버지, 아내, 남편, 딸, 아들, 친구, 동료, 시민으로서 좋은 평가를 받으려면 절대로 '아니요'라고 말해선 안 된다고 배웠다. 그렇게 하면 다른 사람의 기분을 나쁘게 만들거나, 더 심한 경우, 사랑받을 자격이 없어질 수 있다고 생각하게 되었다.

이처럼, 우리 사회에 나타나는 보수적인 문화로 인해 우리는 아무런 죄책감 없이 당당하게 경계를 긋는 방법을 제대로 배우지 못하고 있다.

신념

문화가 다가 아니다. 가정과 학교에서 이런 유형의 교육을 받아 온 사람들은 어릴 때부터 서서히 아래의 네 가지 신념을 쌓아 왔다. 자기 자신에게 얼마나 해로운지조차 알지 못한 채 말이다.

1. 자기 기분보다 다른 사람의 기분이 더 중요하다.
2. 자기 행복을 추구하는 사람은 이기적이고 나쁜 사람이다.
3. 다른 사람의 요구를 거부하면 사랑받을 자격이 없는 사람이 된다.
4. 진정한 사랑은 무조건적이어야 한다.

이러한 신념 때문에 아이들은 지나치게 고분고분한 어른이 되고, 자신을 돌보지 않거나 소홀히 하게 된다. 이는 개인의 자존감 형성에 엄청나게 부정적인 영향을 미친다.

타인에게 순종적인 이런 사람들은 아래와 같은 특징을 지니고 있다.

- 경계를 긋고 지키는 것이 힘들다.
- 타인이 정한 경계를 개인적인 것으로 받아들이려 한다.
- '아니요'라고 말하고 싶을 때 '예'라고 말하는 경향이 있으며, 원하지 않는 부탁이나 계획을 수락한다.
- '아니요'라는 대답을 자신에 대한 거부로 받아들인다.
- 학교, 사회생활, 가족 관계 등 삶의 다양한 영역에서 독이 되는 관계를 유지하고 부당한 상황을 묵인한다.
- 자기의 생각과 느낌을 솔직히 말하기 힘들어하며, 누군가의 의견에 반대하기를 회피한다.
- 모두를 만족시키고 모두의 승인을 얻어야 한다고 생각한다.
- 사회에서 발생하는 많은 상황에 관하여 불안이나 분노, 우울감을 느낀다.

- 자기 자신을 돌보지 않고 소홀히 하기에 자존감이 낮아진다.
- 실존적 위기를 겪고, 목표를 달성하지 못했다고 생각하게 된다.
  원하던 삶을 살 용기가 없다고 느낀다.

이렇듯 순종적인 사람들은 매우 부당한 상황이나 관계라는 생각이 들어도 "이제 그만해. 할 만큼 했잖아"라고 말하기를 주저한다. 그들은 정작 자신의 느낌과 욕구는 제쳐 두거나 무시하고, 다른 사람을 위해서 무엇을 해야 할지에 대해 생각해야 한다고 믿도록 교육받았다. 그런 신념에 갇히게 된 이들은 이제 자신의 욕망과 욕구는 뒤로 한 채 다른 사람이 원하고 필요로 하는 것에 따라 행동하게 된다. 자기 자신은 항상 맨 마지막 순서로 밀려 버리고, 삶의 목표와 목적마저 잃어버린다.

어디 그뿐인가. 무자비하게 인격 모독을 당하는 상황에서 자기를 존중하도록 요구해도 되는지, 자기 권리를 옹호해도 되는지, 인간으로서 존엄성을 회복하기 위해 목소리를 내도 되는지조차 의심하기에 이른다.

이들은 '아니요'라고 말하는 법을 배워야 한다. "이제 그만해"라고 말할 수 있어야 한다. 스스로 품위를 되찾아야 한다. 자기 존엄성을 회복하고 보호하는 것이 시급하다.

그렇다고 해서 경계를 긋기 힘들어하는 사람들이 모두 순종적이라는 건 아니다. 비록 그런 교육을 받았다 할지라도 모두가 그렇게 되지는 않지만, '아니요'라고 말하거나 경계를 정할 때 어느 정도는 죄책감을 느끼게 되는 건 어쩔 수 없다. 그러니 이제 경계를 다시 정의하고, 경계를 긋는 방법을 다시 배우고, 자신이 존중받을 가치가 있다고 생각하는 법을 배워야 한다. 누군가가 당신의 경계를 넘으려 할 때, 그 경계를 지켜 달라고 당당히 말할 수 있어야 한다. 권리를 침해하려는 시도 앞에서는 단호하게 대응해야 한다. 동시에, 다른 사람이 당신에게 경계를 긋는다고 해서 그것을 거절이나 공격으로 받아들이지 말고, 그 사람의 욕구와 선택을 존중할 줄 알아야 한다.

'예'라고 대답한다고 해서 좋은 사람이 되는 게 아니라는 것, '아니요'라고 말한다고 해서 이기주의자가 되는 게 아니라는 것을 깨달으려면, 지금까지 당연하게 생각해 온 신념들을 깨부수어야 한다.

누군가를 사랑하는 것이 그 사람의 모든 것을 조건 없이 받아들여야 한다는 것을 의미하는 것은 아니며, 자기 자신을 상대방에게 제한 없이 내어 주는 것도, 개인적인 계획을 포기해야 하는 것도 아님을 인식해야 한다.

더 건강하고 덜 고통스러울 때, 즉 자신을 돌볼 여유가 있을 때, 죄책감이나 이기적이라는 느낌을 털고 자유롭게 자신을 돌보고, 존중하며, 사랑할 수 있을 때 비로소 사랑할 수 있을 것이다. 그것도 매우 강렬하게. 그런데 이게 공짜로 얻어질 리 만무하다. 이러한 목표를 달성하려면, 당신이 자라면서 습득했고 현재 타인과 관계를 맺는 방식을 결정하는 세 가지 핵심 요소인 자존감과 이기심에 대한 개념 그리고 사랑에 관해 각자 품고 있는 생각에 대해 다시 한번 생각해 보아야 할 것이다.

양육 태도

자존감과 이기심이라는 단어에 관한 개인의 이해는 어린 시절부터 자기 자신과 다른 사람에 대한 사랑에 대해 배워온 것과 관련이 있다.

자기 자신을 사랑하는 것이 이기적인 행위라고 생각하게 만드는 상황을 보자.

우리의 인생에는
매우 순종적인 사람의 전형이라 할 만한 사람이 있었다.

　예컨대, 당신의 어머니가 자녀나 남편을 위해 최선을 다해 모든 것을 준비하고, 밤늦게까지 요리와 다림질, 청소까지 도맡아 하느라 자신을 돌볼 시간이나 쉴 여유도 없으면서도 이웃의 부탁까지 거절하지 못하고 지내오셨다면, 그 모습이 당신의 눈에 깊이 새겨졌을 것이다.
　그렇다면 당신은 아마 그런 태도를 '다른 사람을 대하는 올바른 자세'로 여기며, 자신을 위해 시간을 쓰는 것은 바람직하지 않다고 생각하며 성장했을 것이다.
　만약 이것이 진짜 당신의 이야기라면, 당신 또한 어머니가 살아온 패턴을 반복할 가능성이 크다. 자기 자신을 위해 시간을 갖고, 자신을 돌보는 것이 필요하고 중요하며 나쁜 일이 아니라는 걸 이해하기가 무척 힘들 것이다. 또한 그런 태도가 다른 사람들에게 사랑을 표현하는 옳은 방식이며 그렇게 해야 사랑받을 수 있다고 생각하게 될 것이다.
　무언가를 거부하거나 상대방에게 몸과 마음을 내어 주지 않으면 사랑받지 못하게 될까 봐 두려워하게 될 것이다.

이러한 상황의 이면은 당신도 다른 사람들이 자신을 똑같이 대해 주기를 기대한다는 것이다. 그리고 그렇지 않으면 그건 그들이 당신을 '진심으로 사랑하지 않기 때문'이라고 받아들이게 된다.

**그들은 우리의 욕구나 감정을 무시한 채
우리가 원치 않는 일을 강요했어요.**

만일 유년기나 청소년기에 당신이 느끼고 필요로 하며 원하던 것들은 중요하지 않다고 강요받았다면, 당신은 스스로의 감정보다 타인의 기대를 우선시하는 법을 배우게 되었을 것이다.

그리고 다른 사람을 만족시키기 위해 정작 자신에게 중요한 일들을 늘 뒤로 미루는 것이 옳다고 믿게 되었다면, 그런 생각들은 결국 당신의 일부가 되어 성인이 되어서도 쉽게 버리지 못할 것이다.

예를 들어, 당신이 어렸을 때 타인과 포옹하거나 뺨에 키스하며 인사하는 것을 좋아하지 않았다고 치자. 그런데 그런 인사를 대체할 만한 다른 인사법을 배우지도 못하고, 싫어도 그렇게 인사해야 한다고 강요받았다면, 성인이 되어서도 원치 않는 어떤 상황에 쉽게 휩쓸리게 될 가능성이 크다.

　이는 자신이 원하는 것보다 다른 사람이 원하는 것을 더 중요하게 생각하게 되었기 때문이다.

그들은 감정적으로 협박하면서
우리의 욕구나 감정을 무시했어요.

　'너 울면, 화낼 거야' '이걸 하지 않으면 아빠는 더는 너랑 같이 있고 싶지 않아' '슬퍼하지 마. 네가 슬퍼하면 엄마도 너 때문에 슬퍼하실 거야'… 사실 우리는 어릴 때부터 이런 식의 말을 들어 왔다. 그러면서 진짜 감정을 겉으로 드러내는 것은 나쁜 행동이라고 학습되었다.

　마음에 들지 않는다고 말하거나 슬퍼하거나 화난 모습을 보이는 등 감정을 표현하면 부정적인 결로 치닫고, 그런 결과가 당연하다고 믿어 왔다. 스스로 이렇게 믿어 왔기에 우리는 쉽게 학대당하고 조종당했다.

　조종하려는 자가 쉽게 목적을 달성하는 데 필요한 밑 작업이 이미 이루어진 것이다. 학대나 조종을 당하는 사람은 자신에게 의사를 표현할 권리 따위는 없다고 생각하고, 조종이나 학대하는 사람이 자신을 감정적이나 신체적으로 벌하는 것을 정당하게 받아들인다.

**'아니요'라고 대답하는 건
나쁜 행동이라고 배웠어요.**

어린 시절, 별다른 설명 없이 강제로 시킨 일에 불만을 표현하면 어른들에게 꾸중을 들어야 했다. 그러면서 우리 내면에는 두 가지 생각이 자리를 잡았다.

첫째는 '아니요'라고 대답하면 부정적인 영향이 발생하기 때문에 반대 의사를 표현하는 것은 나쁜 행동이라고 생각하는 것이고, 둘째는 어린 시절에 어른들이 우리를 대한 태도와 우리에게 말한 방식을 그대로 배워 성인이 된 후에는 자기 자신에게 똑같이 말하고 똑같은 태도로 자신을 대하게 된다는 것이다.

우리가 자신을 대하는 태도와 내면의 대화 방식을 다시 돌아봐야 하는 이유가 바로 여기에 있다. ==만약 자신에게 해로운 방식으로 대우받아 왔다면, 이제 자신을 건강하고 공정하게 대하는 방법을 다시 배워야 한다.==

어린 시절에 자신의 감정을 존중받지 못했거나 앞서 보인 예시처럼 이야기를 들어 주는 사람이 없는 환경에서 자랐다면 어떨까? 아마도 자신의 감정에 의미를 부여하지 못하고, 진심으로 원하는 것이 무엇인지 살피려 하지 않는 패턴이 반복될 가능성이 매우 크다.

그렇게 되면 누군가로부터 어떤 요청을 받을 때, 그것을 수락할지 말지 진지하게 생각해 보지도 않고 자동으로 '예'라고 대답해 버리는 상황이 벌어질 수 있다.

사실 우리는 스스로 시간을 내어 자기 내면의 소리에 귀를 기울이거나, 요청받은 일을 정말로 하고 싶은지 혹은 해낼 수 있는지 잘 확인하지 않는다.

다른 사람이 무언가를 요구하면, 그 일을 하고 싶은지 혹은 할 수 있는지 자문하는 데 단 몇 초라도 할애한 다음 대답해야 한다. 이런 태도는 가능한 한 빨리 습관화하는 것이 좋다.

진정한 사랑은
조건 없이 모든 걸 다 주어야 한다고 말했어요.

로맨틱 영화에서 배운 이런 이상적이고 비현실적인 사랑에

대한 개념은 그동안 우리에게 큰 해악을 끼쳤다.

그것은 양날의 검이 되어 한편으로 우리는 누군가를 사랑할 때, 어떤 대가를 치르더라도 자신의 가치관이나 욕구와 다르더라도 상대에게 무조건 자신을 바쳐야 한다고 믿게 했다. 또한 상대가 나에게 그렇게 무조건적이지 않다면, 그것은 진심으로 사랑하지 않기 때문이라고 여기게 되었다.

이런 생각은 배우자, 가족, 친구와의 관계에서 큰 고통을 불러일으킬 수 있는 흔한 신념 중 하나이다.

이러한 터무니없는 신념을 깨부수고, 진정한 사랑이란 그런 것이 아님을 깨달아야 한다. 건강한 사랑은 결코 무조건적이지 않다. 사랑에도 경계가 필요하며 보상과 공감이 있어야만 실질적이고 안전하고 지속적인 사랑을 유지할 수 있다.

'내 것은 네 것이고, 네 것도 내 것이며, 모든 것은 모두의 것이고, 그렇지 않으면 사랑이 아니다'라는 이 공식은 개인의 개성을 배제하는 심각한 오류를 범하고 있다.

개인의 공간, 사생활, 개인의 성장을 도모하는 영역, 개인의 기본 욕구 등이 설 자리가 없다. 자기 자신에 대한 개념이 모호해지고, 자신과 타인을 구별하기가 힘들어진다. 결과적으로 우리는 자신과 타인의 시작과 끝을 의식하지 못한 채 정체성의 혼란을 겪게 된다.

이로 인해 의존적인 관계가 형성되어 우리는 다른 사람 그리고 자기 자신까지 잃게 된다.

만약 당신이 이미 이런 상황을 겪은 적이 있다거나 이런 신념을 강제로 갖게 되었다면, 그저 자신을 사랑하고 자신을 보살피려 하는 것일 뿐인데 죄책감을 느끼고 이기적인 사람이 된 것처럼 느끼게 될 것이다.

정말 자신이 이기적인 사람인지 아닌지 판단할 수 있는 좋은 방법이 있다. 자신의 성장 과정을 되짚어 보는 것이다. 앞서 언급된 예시 중 하나라도 해당한다면, 이기심과 자기애에 대한 경계가 왜곡되어 자신을 부당한 방식으로 가혹하게 판단할 수도 있다는 걸 염두에 두어야 한다.

5

잘못된 신념 깨뜨리기

아주 어릴 때부터 우리는 부모님이나 사제처럼
권위 있는 누군가가 말하는 걸 믿고,
그런 다음에 생각해야 한다고 배워 왔습니다.
그런데 생각의 자유는 그와 정반대입니다.
먼저 스스로 생각하고, 그런 다음에
옳다고 생각하는 바를 믿는 것이 바른 순서입니다.

호세 루이스 삼페드로 José Luis Sampedro*

* 스페인의 경제학자이자 작가(1917년 2월 1일~2013년 4월 8일)

실제 사례

마르가(45세)와 카를로스(48세)는 딸 둘을 가진 부부였다. 두 사람은 한두 해 정도 다툼이 끊이지 않아 부부 상담을 시작했다. 마르가는 특정 상황에서 분노를 조절하기 힘들어 공격적으로 반응하고 자주 짜증을 냈다. 그리고 남편과는 어떠한 종류의 성적 접촉도 없었다. 그녀는 자신에 대해서도 매우 나쁜 감정을 품고 있었다. 인생에서 가장 중요한 존재는 두 딸과 남편이며 그들을 위해 최선을 다했지만, 자신의 불쾌한 기분과 태도 때문에 가정이 파괴되고 있다고 느꼈다.

"갑자기 화가 나고 기분이 나빠지는 걸 조절할 수가 없어요. 아무것도 아닌 일에 쉽게 화를 내고 카를로스와는 어떤 말을 하든 결국 싸움이 돼요. 그러고 나서 한풀 꺾여 생각해 보면 내가 바보 같았다는 걸 깨닫지만, 그때는 이미 늦은걸요. 싸움은 이미 벌어졌고, 후회되는 말을 잔뜩 뱉은 상황이니까요. 마음이 너무 안 좋아서 사과하지만, 이미 상처를 준 이후죠. 카를로스와 나는 성격이 강한 편이에요. 그동안 다투기도 하고 서로 자기주장만 고집하기도 했지만 지금처럼 이렇게 서로를 무시하거나 소리 지르며 싸운 적은 없었어요. 젊었을 때 말다툼했던 기억이 나요. 각자 자신의 관점을 설명하곤 했는데, 물론 좀 격렬해질 때도 있었지만 그래도 결국 화해하고 나면 그저 지난 일이 되곤 했죠. 남편만이 아니에요. 딸들에게도 화를 잘 내요. 아무것도 아닌 일에 쉽게 화를 내고, 엄격하게 굴어요. 한번 말했을 때 듣지 않으면 참지 못하고 금방 화를 내요. 나쁜 엄마가 되기는 싫지만, 어떻게 해야 좋을지 모르겠어요."

마르가는 "나쁜 엄마가 되기 싫어요"라고 말하며 울음을 터뜨렸다. 그녀는 일하지 않는 시간에는 늘 가족과 함께였고 매 순간을 가족에게 투자하며 가정을 돌보기 위해 최선을 다했다. 그러나 분노할 일과 싸움은 더 잦아졌고, 그것이 상처가 되어 돌아오자 완전히 좌절한 상태에 이르렀다.

치료 과정

첫 번째 시간에는 부부의 역학 관계, 소통 방식, 두 사람 사이에 확립된 역할과 그 역할을 유지하는 신념 등을 분석했다. 마르가의 경우, 경계를 그을 때 여러 가지 어려움을 겪는 것으로 나타났다. 그녀는 자신의 시간을 딸들에게 온전히 바치지 않으면 좋은 엄마가 될 수 없을 것 같고, 남편에게 만족감을 주지 못하면 나쁜 아내가 될 뿐만 아니라 사랑받지 못하거나 거부당할까 봐 두려워했다.

마르가를 괴롭히는 신념들이 확인되자, 우리는 그녀가 가족과 더 건강한 유대감을 형성하고 가족 내에서 더 편안하고 행복해질 수 있도록 적절한 역할을 하려면 기존의 신념을 깨고 더 건강한 신념을 가져야 한다고 분석했다. 그리고 이를 위한 치료를 시작했다.

치료의 첫 번째 과정에서 집중한 내용은 우선, 보살피는 사람이 먼저 스스로를 돌보아야 다른 사람을 돌볼 수 있다는 사실을 마르가에게 이해시키는 일이었다. 그렇게 하지 않으면 상황이 나아질 수 없다는 것을 그녀 스스로 깨달아야 했다.

치료 초반, 마르가는 죄책감 때문에 가족에게 할애하는 시간을 줄이는 대신 자기 자신을 돌보는 데 시간을 투자하는 방안을 생각조차 하지 못했다. 그런데 그녀는 죄책감을 느끼게 하는 기존의 신념을 서서히 인식하고 인정하면서, 이기심과 자기애 그리고 가족에 대한 사랑이 무엇인지 새로 정의하는 작업을 감행했다.

두 번째 치료 단계에서 마르가는 자존감을 높이기 위해 노력했다. 이때 실시한 '내 마음의 기둥' 연습은 자신이 어떤 욕구를 소홀히 하고 있는지 자신을 돌이켜 살펴보는 철저히 내성적인 과정이었다. 이 연습을 통해 욕망과 욕구가 동일한 것이 아니라는 사실도 알게 되었다.

실제로 욕망이란 원하거나 갖고 싶어 하는 것이지만, 없어서는 안 되는 것은 아니며 대개 장시간 지속되지도 그다지 강렬하지도 않다. 반면 욕구는 욕망보다 더 본능적이며 시간이 흘러도 지속되고, 개인적으로 충만함에 이르고 자아실현을 이루는 데 꼭 필요한 조건으로 인식된다.

마르가는 세상 모든 사람을 기쁘게 하려고 노력하는 동안 오히려 자기 자신에게는 소홀했으며, 이로 인해 짜증과 분노, 슬픔 같은 감정이 발생한다는 사실을 깨달았다. 나쁜 엄마, 나쁜 아내가 되지 않으려고 가족을 위해 해야 할 일을 스스로 강요하는 동안 정작 자신의 욕구는 소홀히 하고, 그런 태도에서 행복을 느끼는지 한 번도 진지하게 생각해 보지 않았던 것이다.

비록 가족에게 쏟는 시간은 줄어들었지만, 그녀는 질적으로 더 향상된 시간을 보낼 수 있다는 사실을 깨달았다. 자신을 억압하지도, 방치하지도 않으면서 가족에게 최선을 다할 수 있다는 걸 알게 되자 그녀는 비로소 자신에 의한, 자신을 위한 일을 하기 시작했다.

　잘못된 신념을 되돌아보는 작업이 끝나자, 행동 지침을 실행했다. 카를로스와 마르가는 자기 자신을 돌보는 시간을 가지면서도 집안일과 육아를 할 수 있도록 시간을 분배하여 일정을 재조정했다. 뭔가 큰 변화를 시도하려는 것은 아니었다. 일주일에 단 세 시간, 자신만을 위한 시간을 갖게 되자 마르가는 자신에게 훨씬 더 좋은 감정을 느끼고 더 편안해졌으며 가정에서 일어나는 일상적인 문제를 상대적으로 대할 수 있게 되었다. 또한 딸들에게 더욱 너그러워졌으며 분노를 통제할 수 있게 되었다. 비록 함께하는 시간은 짧아졌지만, 딸들과 함께할 때 예전보다 더 기분이 좋고 더 능숙해졌으며 더 긍정적인 태도로 임하게 되었다. 이는 마르가가 엄마 역할에 대해 스스로 더 좋은 느낌을 받게 되었다는 것을 의미했다.

　치료 과정 동안 마르가는 그동안 지속해서 불쾌함과 불안을 유발했던 '진짜 사랑은 무조건적이어야 해' '싫다고 말하면 나쁜 엄마, 나쁜 아내가 될 거야' '자기 욕구를 따르는 건 이기적인 행동이야' 등의 낡은 신념을 타파하고, 보다 건강한 신념을 갖게 되었다. 때로는 착한 것이 이기적인 행동이 될 수 있고, 이기적인 것이 착한 행동이 될 수 있다는 사실을 받아들이게 되었다. 언제나 '예'라고 말한다고 해서 더 좋은 엄마나 아내가 될 수 있는 건 아니며, 다른 사람을 돌보느라 자기 자신을 소홀히 대한다면 결코 만족과 성취감을 느낄 수 없으리란 걸 알게 된 것이다. 그녀는 더 좋은 엄마, 좋은 아내가 되기 위해 자기 자신을 더 잘 돌보겠다고 약속했고, 그 약속은 지금까지도 잘 지켜지고 있다.

자아실현

'내 마음의 기둥'은 자아실현과 개인의 성장을 위해 실시하는 연습 중 가장 효과적이다. 삶에서 가장 중요한 측면들을 되돌아보고, 내 삶을 구성하는 사람들과 어떻게 관계 맺고 있는지 분석하는 데 도움이 되는 활동이다. 이 활동을 통해 자아실현에 필요한 핵심 요소를 파악하여 자신의 장점을 최대치로 끌어낼 수 있다.

이를테면 친절하고 쾌활하고 이해심이 많고 관대하며 인내심이 강하고 헌신적이고 끈기 있고 야무지고 진득한 성격의 당신을 발견할 수 있다는 것이다. 누구에게나 모든 욕구가 충족되고, 자기 자신과 균형 있게 조화를 이룰 때만 드러나는 특징이 있다.

자기 자신에게 시간과 노력을 할애하는 것이 이기적인 행동이며, 자기 자신의 욕구는 뒤로 한 채 다른 사람들을 만족시키면 좋은 사람이라고 생각하는 사람이 많다. 그런데 그들이 모르는 것이 있다. ==자아실현이 이루어졌다고 느낄 때 비로소 자신의 가능성이 최대한 실현될 수 있으며, 그것이 주변 사람들에게도 이로울 수 있다는 것이다.== 자신에게 좋은 감정을 느낀다면 주변 사람들도 당신에게 똑같은 감정을 느끼게 될 것이다.

스스로 완전하고 만족스러운 느낌이 들면 태도와 기분이 좋아진다. 더 친절하고 관대하며 적극적이고 쾌활하며 긍정적인 사람이 되고, 자신에 대해 더 강한 확신을 느끼게 된다. 그러니 불평이나 시기심, 광기, 불신, 강박, 비판은 자연히 줄어든다. 그리고 주변인을 대하는 태도는 매우 전염성이 강하다.

다수의 심리학 실험에 따르면, 쾌활하고 긍정적인 사람과 함께 있으면 당신도 덩달아 기분 좋아질 뿐 아니라 더 즐겁고 능동적인 사람이 된다. 한편 다른 사람을 대하는 방식이 자신의 감정에 미치는 영향에 관해서는 앞에서 언급한 바 있다.

즉 자아를 실현하는 느낌이 들고 욕구가 충족되면, 기분이 좋아지고 다른 사람을 대하는 태도도 좋아진다. 그리고 이는 다른 사람들에게 긍정적인 영향을 미친다. 아무리 시간과 노력을 투자했더라도 부정적인 태도로 대할 때보다 훨씬 더 낫다.

마르가의 경우에서 보듯이, 조금 이기적인 행동이 오히려 다른 사람을 위하는 길이 될 수 있다. 자아실현을 이룰 수 있을 만큼 자신에게 충분한 시간을 투자하고, 이를 통해 주변 사람들을 더 긍정적인 태도로 대할 수 있으니 말이다.

반면에 지나치게 이타적이라면 오히려 이기적인 사람이 될 수 있다. 스스로 더 나은 사람이라고 느끼고, 더 쓸모 있고 사랑받고 싶어서 지나칠 정도로 이타적으로 행동하지만, 결과적으로 자신을 돌보지 않게 되어 주변 사람들을 부정적인 태도로 대하게 되기 때문이다.

이기적인 사람이 되지 않고도 자기 자신을 돌보고 자아실현을 이루려면, 자신을 돌보는 일이 곧 다른 사람을 위하는 길임을 주문처럼 되뇌고 기억해야 한다. 그렇게 한다면 자기 욕구를 우선시하는 것에 대해 지금까지와는 다른 방식으로 더 긍정적인 의미를 부여할 수 있고, 이를 통해 자신의 삶뿐만 아니라 주변 사람들의 삶도 개선할 수 있을 것이다.

6

죄책감은 어쩌지?

삶의 끝자락에 서면 우리는 결국 살면서 내린 선택
의 결과일 뿐이다.

제프 베이조스 Jeff Bezos*

* 미국의 기업인. 세계 최대의 전자상거래 플랫폼 기업 아마존의 창업자(1964년 1월 12일~)

죄책감, 조종을 유발하는 메커니즘

앞서 언급한 것처럼 우리는 자라는 동안 주입된 신념과 유대교의 뿌리를 가진 보수적인 문화의 영향으로 경계에 대해 말할 때 그리고 '아니요'라고 말할 때 죄책감을 느끼게 되었다. 마치 자신이 경계를 그을 권리가 없는 사람인 것처럼, 혹은 서로를 존중하는 것이 어떤 윤리 규범을 위반하기라도 하는 것처럼 말이다.

죄책감과 두려움은 통제와 조종이 이루어지게 하는 두 가지 주요 메커니즘이다. 각종 미디어, 종교 단체, 종파, 정부 등은 이 두 가지 메커니즘을 이용해 개인을 마음대로 조종하고 이익을 꾀해왔다. 이것이 가능했던 것은 사람들이나 사람들의 집단이 무지했기 때문이다. 무지한 사람들은 교양 있고 학식 있는 사람들보다 더 쉽게 두려움에 의해 조종된다. 무지한 시민들에게는 비판적 사고 능력이 부족하고, 비판적으로 사고하지 않으면 사고의 자유가 있다 할 수 없고, 사고의 자유가 없다면 자유를 논할 수 없다. 그러므로 무지한 민중은 자유가 제한된 구속된 민중이다.

대인 관계도 똑같다. 감정적으로 무지한 사람은 더 쉽게 이용당한다. 감성 지능이 낮은 사람은 두려움과 죄책감이라는 감정을 느끼면 스스로에게 질문을 할 수가 없으므로 상대에게 쉽게 굴복한다.

조종당하지 않으려면 죄책감과 두려움이라는 감정이 촉발됐을 때 이를 인식할 수 있도록 감성 지능을 활성화해야 한다.

그렇다면 이제 죄책감에 대해 한번 살펴보자. 죄책감에는 두 종류가 있다.

건강한 죄책감

- 실수했을 때, 규칙이나 윤리 규범을 어겼을 때 느끼는 감정이다.
- 피해나 실수로 인해 발생한 결과에 비례한다.
- 잘못을 바로잡고 향후 유사한 행동을 반복하지 않도록 예방하는 계기가 된다. 또한 실수를 통해 배움을 얻고, 행동의 결과를 책임질 수 있게 된다. 즉 한 단계 성장에 필요한 밑거름이 된다.

해로운 죄책감

- 어떤 실수도 하지 않았고, 아무런 피해도 발생하지 않았고, 규칙이나 윤리 규범을 어기지도 않았지만 경험하게 되는 감정이다.
- 피해나 실수에 비해 느끼는 정도가 심하다. 매우 가혹하고 계속 되풀이해서 생각하게 된다.
- 건설적이지 않고 오히려 파괴적인 감정이다. 자존감과 자기 자신에 대한 개념에 부정적인 영향을 미치기 때문이다.

자신이 어떤 종류의 죄책감을 느끼는지 분석하다 보면 감성지능이 촉진된다. 말하자면 누군가로부터 조종당하지 않을 수 있고, 또 독이 되는 관계에 의존하게 만드는 신념에 의문을 품게 되기도 한다. 분석을 위해 자신이 정말 공정하게 판단하고 있는지, 아니면 죄책감에 의해 판단하려는 것은 아닌지 명확하게 해 줄 세 가지 기본 질문을 스스로에게 던져 볼 수 있다.

다음 페이지의 도식은 기본적이지만 유용하다. 자신이 맺고 있는 많은 관계에 나타나는 역학 관계를 파악할 수 있고, 죄책감 때문에 그러한 관계가 유지되는 것인지 아닌지를 파악하는 데 도움이 된다. 죄책감을 느끼면 양보하고 싶지 않은데도 양보

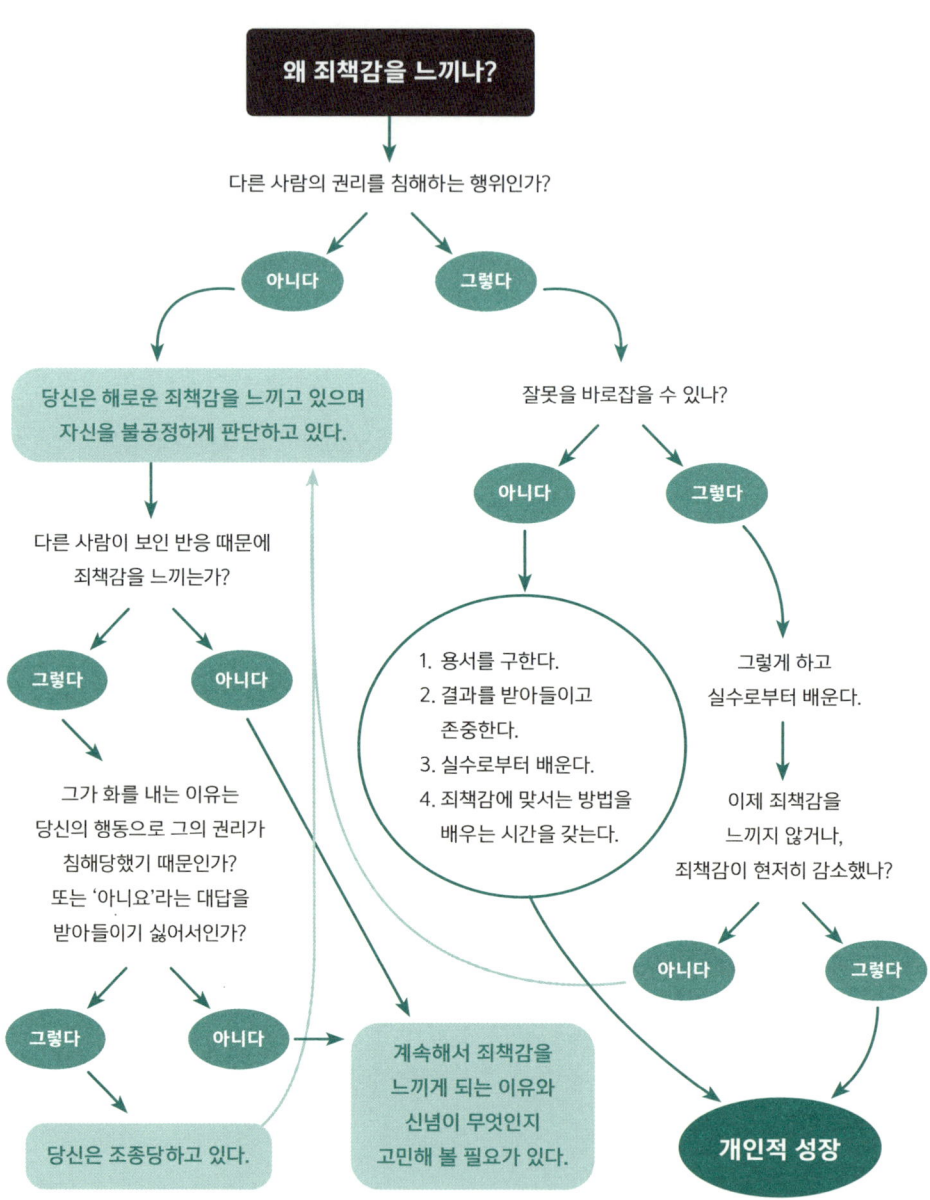

하게 되고, 자신에게 해가 될 줄 알면서도 용인하게 되고, 경계와 권리가 침해당해도 받아들이게 된다.

기본 질문에 답하고 나면 반드시 다음의 질문들로 이어지게 될 것이다.

안 그래도 되는 일에 계속해서 죄책감을 느끼고 있나? 아무런 피해도 없는데 내 행동에 대해 용서를 구해야 하나? 나는 의식적으로 누군가에게 조종당하는 것을 묵과하고 있는 걸까? 이뿐만 아니라 다음과 같은 의문도 생길 것이다. 내가 다른 사람에게 부당하게 죄책감을 느끼게 하는 걸까? 그 사람의 행동으로 내 권리가 침해당했나, 아니면 내 특권이 사라진 것에 화가 난 것인가? 다른 사람이 한 행동 때문에 화가 난 것인가, 아니면 다른 사람이 나에게 '아니오'라고 대답해서 짜증이 난 것인가?

이 질문들에 대한 답 또한 다른 질문들로 이어질 것이며, 결국 당신은 자기 인식이라는 실로 거대한 그물을 엮어 가게 될 것이다. 이를 통해 감성 지능을 단련하고, 자신의 감정을 다스리는 한편 다른 사람의 감정을 이해할 수 있게 되며, 리더십, 회복탄력성, 자제력, 공감 능력, 좌절에 대한 인내력 그리고 자신의 행동과 다른 사람의 행동을 평가하는 비판 능력이 향상될 것이다.

이 모든 것이 자신의 경계를 설정하고 다른 사람의 경계를 받아들일지 말지를 결정할 때 도움이 되어, 결과적으로 질 높고 건강하며 공평하고 서로 존중하는 관계가 구축될 것이다.

마음과 이성

프랑스 심리학자 블레즈 파스칼 Blaise Pascal은 일찍이 이런 말을 했다.

마음은 이성이 알지 못하는 자기만의 이유가 있다.

실제로 왜 그런 감정을 느끼는지 알고 있고 그런 감정을 느껴서는 '안 된다'는 것을 알면서도, 어쩔 수 없이 그런 감정이 지속되는 경우가 종종 있다.

죄책감의 경우를 보자. 죄책감을 느끼게 하는 잘못된 신념이 무엇인지 알고 죄책감을 느끼지 말아야 하는 이유 또한 알고 있는데도 죄책감에서 벗어나지 못하는 경우가 있다. 이론은 잘 알지만, 실행으로 이어지지 않는다. 심리학 연구가 힘든 이유가 바로 여기에 있다.

논리적으로 생각하는 것 이외에 감정적으로 느끼는 것도 고려해야 하는 것이다. 이성과 마음 사이에는 끝나지 않는 갈등이 존재한다. 자기 자신을 사랑하고 소중히 여겨야 한다는 것을 머리로는 알고 있지만, 그렇다고 해서 자신을 진정으로 사랑하고 소중히 여기고 있다고 느끼기는 쉽지 않다. 다른 사람의 생각에 휩쓸려서는 안 된다는 것을 알고 있지만, 그렇다고 해서 사람들이 나를 비난할 때 기분이 나쁘지 않은 것은 아니다. 경계를 그을 때 죄책감을 느낄 필요가 없다는 것을 알지만, 사실은 그런 연습을 할 때마다 죄책감을 느끼기도 한다.

다시 말하지만, 이는 각각의 기능을 담당하는 뇌 구조 때문에 일어나는 현상이다. 논리와 의사 결정을 담당하는 신경회로, 전전두엽 피질은 감정을 담당하는 신경회로, 대뇌변연계와 구조적, 기능적으로 거의 별개다. 이 두 회로는 마치 서로 아무런 관련이 없는 듯이 그리고 그러한 사실이 우리에게는 끔찍한 모순이자 고민거리라는 사실은 상관없다는 듯 독립적으로 작동한다. 이뿐만이 아니다. 두 회로 간의 연결 상태 또한 공평하지 않다. 대뇌변연계에서 전전두엽 피질로 이어지는 연결은 많은 데 비해, 전전두엽 피질에서 대뇌변연계로 이어지는 연결은 그보다 훨씬 적다. 즉 뭔가를 결정할 때 우리의 감정은 논리에 큰 영향을 미치지만, 반대로 논리가 감정에 미치는 영향은 거의 없다.

이런 이유로 생각에 영향을 미쳐 감정에 변화를 주고자 하는 인지행동치료에서는 전전두엽 피질에서 변연계로 이어지는 신경 경로를 충분히 강화하고 반대 방향으로 이어지는 신경 경로를 보충하는 치료 전략을 반복적으로 실행한다.

절연 테이프로 두 개의 전기선을 이어 붙이는 것처럼 단순한 방법일지라도 좋다. 신경과학 분야에서 두 회로를 공평하게 연결할 수 있는 방법을 찾아내어, 끔찍한 내적 갈등으로부터 우리를 비용 측면에서도 구원해 줄 날이 오길 간절히 바란다.

좌절, 우리의 친구

감성 지능을 통해 개발되는 기술 중 하나는 좌절을 견디는 능력이다. 이는 변화나 학습과 관련된 어떤 과정에서든 기본적으로 요구되는 능력이다. 그 이유는 변화나 학습 과정을 수행하다 보면 계속 실수하게 되고, 수없이 실패할 것이며 실패할 때마다 좌절감을 느낄 것이 분명하기 때문이다. 그러므로 아예 처음부터 좌절을 과정의 동반자 정도로 받아들이고 시작할 필요가 있다.

좌절은 과정의 시작부터 목표를 달성하는 순간까지 함께할 것이므로 가능한 한 빨리 받아들이는 게 낫다. 그렇게 하면 좌절을 견디기가 훨씬 수월할 테고, 넘어지더라도 그때마다 다시 일어나 가던 길을 계속 갈 수 있을 것이다.

==글쓰기를 배우려면 글을 써보아야 하고, 걷는 법을 배우려면 걸어야 하며, 경계 설정 배우려면 경계를 그어 보아야 한다.== 다른 방법이 없다. 그러니 죄책감을 분석하는 법을 배우려면, 처음에는 죄책감을 느낄 수밖에 없더라도 실행에 옮겨야 한다. 죄책감을 느껴서는 안 된다는 것을 알고 있다는 이유로 죄책감을 피하려고 한다면, 결국 좌절만 겪게 되고 몇 번 시도하다 목표를 포기하게 될 것이다.

그리고 앞서 언급했듯이 이성과 마음은 나란히 갈 수 없으며, 그렇게 하려 해도 성공을 거두기 전까지 여러 차례 시도에서 '실패'를 맛보게 될 것이다. 그러나 성공할 수 없다는 사실 때문에 시도해 봐야 소용없다는 생각이 들더라도, 시도 자체가 전혀 무의미한 건 아니다. 오히려 진정한 변화를 이루고자 한다면 꼭 필요한 과정일 수 있다. 왜냐하면 실패한 시도는 당신이 살아가면서 겪어야만 하는 경험의 일부이기 때문에 당신의 뇌는 그 정도의 죄책감을 견딜 수 있어야 하고, 그런 경험을 할수록 점점 덜 민감해지기 때문이다.

분명히 짚고 넘어가야 할 것은, 몇 차례 시도하다 보면 죄책감이 점점 옅어지면서 결국에는 거의 완전히 사라질 것이라는 점이다.

새로운 습관이 생길 때도 똑같은 현상이 발생한다. 예컨대 운동의 경우를 보자. 운동에 특별히 관심이 없었다면, 처음에는 매우 힘들 수 있다. 하기 싫고, 몸도 힘들고, 금방 효과가 나타나지도 않고, 잘하는 방법도 모른다. 그런데 시작하자마자 의욕이 넘치고, 특별히 노력하지 않아도 되며, 프로선수라도 된 것 같고, 즉각적인 결과를 얻을 수 있을 거라고 생각한다면, 이런 비현실적인 기대는 충족되지 않을 것이며 결국 당신은 운동을 포기하게 될 것이다.

그러나 그것이 힘든 과정이며 경험이 부족하니 기대만큼 잘할 수 없을 거라는 것, 원하는 결과를 바로 얻을 수 없다는 것 그리고 소파에서 일어나 운동을 시작하기에는 당신이 너무 게으르다는 것을 인정한다면, 목표를 달성할 가능성이 훨씬 더 커진다.

경계를 정하고 존중하며 그것을 재정의하고 제한적인 신념을 자유로운 신념으로 대체하는 과정도 마찬가지다. 다른 방식으로 생각하고 행동하는 연습을 끊임없이 반복해야만 그것을 이상하게 여기거나 강요당한다고 느끼지 않고 자연스럽게 실행하게 될 것이다.

7

정도에 따라
약이 될 수도,
독이 될 수도 있다

균형점을 찾는 비결은
중요한 것들을 희생하는 것이
당연하다고 생각하지 않는 데 있다.

사이먼 시넥 Simon Sinek*

* 미국의 전략 커뮤니케이션 전문가, 저술가, 강연가(1973년 10월 9일~)

경계주의

파라셀수스Paracelsus는 16세기에 활동한 의사이자 점성가, 연금술사로서, 화학 물질과 광물을 이용해 만든 약물과 의약품을 최초로 의학계에 도입해 논란을 일으킨 인물이다. 수년에 걸친 실험 끝에 그는 하나의 결론에 이르렀다. 모든 물질은 약인 동시에 독이 될 수 있다는 것. 둘 중 무엇이 될지를 결정하는 요인은 바로 '복용량'이라는 것이다.

경계를 설정하는 것도 마찬가지다. 정도에 따라 독이 될 수도, 약이 될 수도 있다. 철저히 엄격하게 설정할지, 아니면 적당히 유연하게 설정할지를 결정할 때 필요한 건 균형점을 찾는 것이다.

약이 독이 되는 또 다른 이유는 '~주의ism'라는 단어 때문이다. 원래 긍정적인 뜻으로 쓰여 약이 될 수 있는 말에 이 단어를 붙인다는 건, 복용량을 너무 늘리는 바람에 약이 독이 되어 버리는 것과 다를 바 없다. 예컨대 자유liberty는 자유주의liberalism가 되고, 팬fan은 광신fanaticism, 자본capital은 자본주의capitalism, 노예servile는 노예근성servility이 된다. 이 외에도 비슷한 예는 많다.

경계주의limitism는 경계 설정과 관련한 극단적인 태도를 표현하기 위해 내가 사용하는 용어이다. 경계의 개념을 잘못 이해해 발생하는 경우다. 전부가 아니면 아무것도 아니라는 융통성 없는 태도를 말하며, 약을 독으로 만들어 버리는 지나친 복용량과 같다.

권리를 존중하고, '아니요'라고 말하고, 욕구에 귀를 기울인다고 해서 만족, 호의, 동료애 등의 가치에 반하는 것은 아니다. 우리는 사랑하는 사람들을 만족시키고 싶고, 호의를 베풀며 다른 사람들과의 관계를 개선해 스스로 뿌듯함을 느끼기도 한다. 또 때로는 동료애를 발휘하고 싶어질 때가 있는가 하면, 건강한 관계를 위해 양보해야 한다고 생각하기도 한다. 이 또한 일종의 돌봄이며 사랑을 표현하는 방식이다.

다른 사람을 돌보고 싶은 마음에서 시작하지만, 그것이 자신에게 소홀해도 된다는 것을 의미하는 것은 아님을 아는 것에서 건강한 관계가 형성된다. 이는 질 높은 관계를 유지하는 데 꼭 필요한 요건이다. 그러므로 균형점과 적당한 복용량을 찾아야 한다. 물론 말처럼 쉽진 않다. 각자의 감성 지능과 자기 내면의 소리를 들을 수 있는 능력, 다른 사람의 의견을 경청하는 태도, 나와 다른 사람이 느끼는 감정을 판단하지 않고 받아들이는 능력, 유연한 태도, 정말 중요한 것이 무엇인지, 또 중요하지 않은 것은 무엇인지 구별하는 능력 등이 요구되는 일이다.

균형점을 찾는 방법의 하나는 역치를 설정하는 것이다. 간단한 예를 들어 보자.

누군가가 당신에게 어떤 부탁을 한다고 가정하자. 예컨대, 직장 동료가 당신에게 금요일 오후에 대신 근무해 줄 수 있냐고 물어본다. 그러면 당신 내면에서는 동료를 배려하는 마음과 쉬고 싶은 욕구 사이에 갈등이 생길 것이다. 즉 다른 사람의 욕구를 채워줄 것인가, 아니면 나 자신의 욕구를 만족시킬 것인가 하는 것이다. 만약 판단이 서지 않는다면 역치를 정해서 점수를 매겨 볼 수 있다. 당신이 어떤 일을 하기 전에 그것을 얼마나 원하는지, 얼마나 내키는지, 혹은 얼마나 손해를 볼지를 생각해 본 뒤 0에서 10까지 점수로 평가해 보라. 그리고 그 점수를 바탕으로 부탁을 수락할지 거절할지를 결정하기 위한 기준선을 정한다. 보통 6이나 7 정도가 적당하다.

당신은 이렇게 스스로에게 물을 수 있을 것이다. '금요일 오후에 동료 대신 일하는 게 얼마나 힘들지 점수를 매긴다면?' '내가 얼마나 피곤할지 점수를 매긴다면?' 0에서 10까지의 점수로 평가하고 질문에 솔직하게 답해야 한다. 만약 점수가 6점보다 낮다면 부탁을 수락할 수 있을 것이다. 그런데 그보다 높다면, '아니요'라고 대답하는 선택지를 고려해야 할 것이다.

같은 상황에서 자문을 통해 또 다른 역치를 정할 수 있다. '이 일을 하면 나에게 얼마나 손해가 될까, 아니면 어떤 영향이 있을까?' '나는 무엇을 포기해야 하나?' '내 목표와 목적에 방해가 되지 않나?' 전혀 그렇지 않다, 조금 그렇다, 꽤 그렇다, 아주 그렇다 중에서 해당하는 선택지를 고른다. 대답이 '꽤 그렇다'나 '아주 그렇다'라면 '아니요'라고 대답하고, '전혀 그렇지 않다'라거나 '조금 그렇다'라면 '예'라고 대답할 수 있을 것이다.

위의 질문 방식은 누군가로부터 부탁을 받았을 때 자기 내면의 목소리에 귀 기울이는 습관을 들이고, 그저 기계적으로 대답해 버리는 습관을 고치는 데 유용한 방법이 될 것이다. 자, 그러면 이제 당신의 대답에 영향을 미칠 수 있는 요소를 세 가지 정도로 나누어 살펴보자.

부탁하는 사람

당신에게 늘 호의적인 사람인가, 그렇지 않은 사람인가? 이 사람과 당신은 무슨 관계인가? 두 사람 사이에 직급 같은 것이 존재하나? 당신이 도움을 요청하면 이 사람은 어떻게 반응하는가?

부탁하는 빈도

당신에게 가끔 부탁하는 편인가, 아니면 습관처럼 자주 부탁하는 편인가? 이때 고려해야 할 중요한 사실은, 누군가의 부탁을 세 번 연속으로 들어주면 부탁한 사람의 전전두엽 피질에 신경 연결이 형성되어 다른 사람이 자신의 부탁을 들어주는 것을 자신의 권리나 의무로 여기게 된다는 것이다. 즉 어떤 역할이 확립되기 시작한다.

이렇게 되지 않으려면 다른 사람의 부탁을 연속해서 세 번 이상 또는 최소한 그 부탁을 약속이라고 생각하지 않는다는 점을 명확히 하지 않고서는 들어주지 말라고 권하고 싶다.

당신에게 부탁하는 이유

중요한 일인가, 아니면 의미 없는 일인가? 본인이 할 수 없는 일이어서 부탁하는 것인가, 아니면 그저 아무 생각 없이 부탁하는 것인가? 술 한잔하려고 자기 대신 일해달라는 것인가, 아니면 아픈 아이를 병원에 데려가야 해서 대신 일해달라는 것인가?

위 세 가지 요소를 고려한다면 상황에 맞는 대답을 선택하고 맥락에 따라 적절한 균형점을 찾는 데 도움이 될 것이다.

누군가 이 훈련을 심리 치료에서 시작한다면 처음에는 매우 어렵게 느껴질 것이다. 사실 누군가로부터 부탁을 받거나 어떤 제안을 받을 때마다 이렇게 한다면 초반에는 다소 억지스럽게 느껴질 수도 있다. 자연스럽게 느껴지지 않는 이유는 그런 방식이 아직 습관으로 자리 잡지 않았기 때문이다. 그러나 바로 그렇기 때문에 변화가 필요한 것이기도 하다. 이 훈련을 여러 차례 반복하면, 뇌의 신경 가소성에 따라 새로운 신경 연결이 생성되어 점차 습관으로 굳어진다.

뇌의 이러한 기능을 잘 설명해 주는 좋은 예가 바로 운전이다. 운전할 줄 아는 사람이라면 처음으로 운전을 시도했던 때를 분명히 기억할 것이다. 그때는 너무 많은 일을 동시에 처리해야 하는 게 정말이지 힘들었을 것이다. 기어를 넣으면서 클러치 페달을 밟고, 가속 페달을 밟을 때는 클러치 페달을 천천히 떼고, 방향 지시등을 켜고, 백미러를 보면서 옆 차선에 합류하고, 운전대를 잡고 차 방향을 잡으면서 조금씩 앞으로 나아가고…. 처음에는 이 모든 것을 동시에 처리하는 것이 정말 힘들었지만, 시간이 흐르는 동안 몇 차례 사고도 겪고 하다 보면 어느새 아무 생각 없이 운전하고 있는 자신의 모습을 깨닫게 되는 것이다.

왜 그럴까? 천천히 반복하고 각 단계에서 매우 의식적으로 생각함으로써 우리의 뇌에 형성된 신경 연결이 강화되는데, 그 연결이 워낙 강해서 기계적으로 운전할 수 있을 정도가 되는 것이다. 그래서 이제는 특별히 생각이란 걸 하지 않아도 차에 타면 습관적으로 시동을 걸고 출발하게 되었다.

어떤 행동이든 새로운 일을 반복하면 우리 뇌에서 이런 일이 일어난다. 새로운 댄스 발동작, 새로운 회화 기법, 외국어의 새 단어, 새로운 습관, 그 어떤 것이든 말이다. **시행착오를 겪을 때마다 새로 생성된 신경 연결이 강화되고, 동일한 과정을 여러 번 반복하면 새로운 신경 회로가 강화되어, 처음에는 힘들었던 일을 나중에는 기계적으로 수행하게 된다.** 이것이 바로 학습이다.

새로운 사고방식이나 행동 방식을 배울 때도 정확히 똑같은 일이 벌어진다. 처음에는 무척 힘들고 시간도 오래 걸리지만, 몇 차례 반복하다 보면 결국 생각하지 않고도 할 수 있는 경지에 도달하게 된다.

너무 순진한 심리

자존감이 강할수록 다른 사람의 인정에 덜 의존하게 되고, 자기 자신의 의견을 가치 있게 여길수록 다른 사람이 자신에 대해 어떻게 생각하는지 덜 신경 쓰게 된다. 그런데 우리 인간은 군거 본능, 즉 집단에 속하고자 하는 생물학적인 욕구를 무시할 수 없다.

약 250만 년 전 호모사피엔스가 출현한 이래로 인간은 집단에 소속됨으로써 협력 네트워크를 통해 신뢰와 연대 관계를 형성할 수 있었고, 덕분에 생존을 보장할 수 있었다. 반대로 집단이 개인을 받아들이지 않았다면, 사람들은 때 이른 죽음을 피하지 못했을 것이다.

그때와 비교하면 오늘날의 사회는 많은 것이 달라졌지만, 인간의 뇌는 5만 년 동안 변하지 않았다. 말하자면 인간은 이제 위험한 포식자와 싸우거나 불이 꺼질까 봐 밤새 번갈아 가며 불씨를 지키는 등의 수고는 하지 않지만, 지금도 여전히 선조들과 동일한 사회적 생존 메커니즘, 즉 집단의 일원이 되기 위해 구성원들의 승인을 얻고자 하는 욕구를 품고 있다. 설령 이 욕구가 인간의 본능이라 할지라도 우리 각자가 그런 욕구를 얼마나 경험하는지, 실패하지 않고 스스로 떳떳하게 집단의 일원으로 받아들여졌다고 느끼게 하는 일치점이 무엇인지 찾아볼 필요가 있다.

요즘, 특히 소셜미디어에서 지나치게 긍정적이고 비현실적인 사고가 증가하는 추세가 나타나고 있다. 이와 함께 다른 사람이 한 말과 행동이 자신에게 미치는 영향을 완벽하게 통제할 수 있다는 메시지를 담은 말들이 널리 퍼지고 있다. 하지만 이는 인간의 사회적 본능과 그로부터 비롯된 생존에 필수적인 집단의 승인에 대한 욕구에 반하는 현상이다.

집단의 승인 욕구라는 인간의 본능에 맞서 싸워 이기려 하고, 끝도 없이 쏟아지는 불쾌한 행동과 말들을 뚝심 있게 견뎌낼 수 있다고 믿는다면 당신은 필연적으로 큰 고통과 좌절이라는 감정을 느끼게 될 것이다. 그러니 이러한 승인 욕구를 다루는 데 그보다 훨씬 더 효과적인 세 가지 방법을 실행해 보자.

첫 번째, 당신의 욕구를 인정하라. 인간은 자신이 인정한 것에 대해서만 노력하려고 하므로, 자신이 타인에게 인정받아야 한다고 느끼는 것을 인정한다면 인정받도록 노력하게 될 것이며, 필요하다면 자신이 느낄 필요성의 정도를 조절하게 될 것이다.

두 번째, 통제할 수 있는 것과 없는 것을 구별할 줄 알아야 한다. 우리가 통제할 수 없는 문제들, 예를 들어 다른 사람의 감정이나 의견이 있다는 사실을 받아들인다면, 그 대신 통제 가능한 문제, 즉 다른 사람의 원칙을 존중하면서 자신만의 원칙에 따라 행동하는 일에만 에너지를 집중할 수 있다. 자신과 관련 없는 문제에 대해서는 책임을 질 필요가 없다.

세 번째, 당신이 속한 집단의 구성원을 결정하라. 세상 모든 사람에게 인정받을 필요는 없다. 만약 당신의 욕구가 이 정도라면, 욕구를 다스릴 필요가 있겠다. 중요한 것은, 당신 인생에서 정말 중요하다고 생각하는 사람들에게 인정받는 것이다. 누구로부터 인정을 받고 싶은지 깊이 생각하다 보면 그들이 정말 그럴만한 존재인지, 아니면 당신에게 더 큰 만족감을 줄 수 있는 다른 사람들에게 시간과 에너지를 투자하는 편이 더 나을지 생각해 보게 될 것이다.

이 세 가지 방법을 활용하면 정서적, 감정적 욕구를 보다 더 적극적으로 처리할 수 있을 것이다. 그러니 지나치게 순진한 심리에 기인한 메시지에만 매달리기보다는 오히려 당신에게 경계를 그을 권리와 해가 되는 관계를 더 이상 유지하지 않겠다고 결심할 권리가 있다는 것을 상기시켜 주는 말들을 믿어야 한다.

이는 당신 자신에게 줄 수 있는 가장 큰 사랑의 행위이다. '내 허락 없이는 누구도 나를 기분 나쁘게 할 수 없다'는 식의 메시지가 특정 상황에서는 쓸모가 없다는 것이 아니라, 모든 맥락에 그런 식의 태도를 일반화하여 적용하지 않도록 주의해야 한다는 말이다. 예를 들어, 알지도 못하는 운전자가 창문 너머로 당신에게 불쾌한 말을 던진 상황이라면 이런 태도가 도움이 될 수 있지만, 직장 동료가 매일 경멸과 멸시하는 말투로 당신을 대하는 상황이라면 도움이 되지 않을 것이다.

첫 번째 상황에서 당신은 그 사람과 아무런 관계가 없으므로, 그 사람의 발언은 개인적이라기보다 그가 느끼는 좌절감과 기분 때문에 나왔을 것이다. 또 이런 일은 어쩌다 한 번 드물게 일어나는 일이고, 아마 다시는 그를 만날 일이 없을 것이다. 이런 상황이라면 이 순진한 메시지는 쓸모가 있을지도 모른다. 당신은 그것 때문에 기분 나빠지지 않도록 할 것이며, 그것을 무시하고, 평소처럼 삶을 계속해 나갈 것이다.

하지만 두 번째 경우는 다르다. 사회생활을 하다 보면 당신을 괴롭히는 사람과 관계를 맺고 있으며 매일 그 사람과 상호작용해야 하므로 그런 대우를 참아 내야 한다. 이런 상황이라면, 매일 겪어야 하는 그런 행동이 당신의 기분이나 자존감에 영향을 미치지 않도록 통제하기 쉽지 않다. 괴롭힘을 당하는 상황을 끝내지 않는다면 당신은 결국 슬픔, 분노, 기분 저하, 굴욕감, 심지어 불안감을 느끼게 될 것이다. 당신이 나약한 사람이어서 그런 게 아니다. 오히려 그 반대다. 이런 감정을 느낀다는 건 당신이 건강한 뇌를 가진 인간이라는 증거다. 이런 감정은 논리를 담당하는 전전두엽 피질과 감정을 담당하는 변연계가 서로 연결되면서 만들어지기 때문이다. 이런 상황에 감정적으로 반응하지 않는다는 것은 두 영역이 연결되어 있지 않은 사람, 즉 정신병자만이 가능하다.

그러므로 부당한 대우를 당할 때 불쾌한 기분을 느끼는 건 지극히 정상이라는 사실을 받아들여야 한다. 그것은 건강하고 쓸모 있는 감정이다. 경계를 긋도록 자극하기 때문이다. 그리고 그때가 바로 결정할 권리를 행사해야 하는 타이밍이다. 즉 아무것도 하지 않은 채 계속 그런 태도를 허용할 것인지, 아니면 저지하기 위해 경계를 그을 것인지 결정해야 한다.

한편, 순진한 사고방식에서 비롯된 메시지를 모든 상황에 적용한다는 것은 위험할 수 있다. 다른 사람에게 학대당함으로써 느낀 감정에 대해 자기를 탓해 버리고, 그리하여 상대가 본인에게 한 짓에 비해 더 나쁜 기분을 느끼게 되기 때문이다. 그런 상황이라면 기분이 나빠지는 것은 어쩔 수가 없다. 이는 이중으로 부당하다. 한편으로는, 학대당할 때 고통스러움을 느꼈다는 이유로 피해자인 자신을 비난하게 되고, 다른 한편으로는 학대한 사람이 져야 할 책임을 모두 면제해 주는 우를 범하기 때문이다.

인간으로서 우리가 얼마나 취약한지를 인정해야 한다. 마치 전쟁터에 있는 무자비한 군인처럼 강인하고 무감각하며 <mark>천하무적 같은 모습으로 인생을 살아갈 필요는 없다.</mark> 우리는 그런 존재가 아니다. 감정을 느끼는 취약한 존재이며 다른 사람을 돌보고, 또 돌봄을 받아야 하는 존재인 것이다.

당신이 다른 사람을 대하는 행동과 말 그리고 다른 사람이 당신을 대하는 행동과 말은 존중을 바탕으로 해야 한다. 그리고 존중은 말하거나 행동하는 사람의 책임이지, 말을 듣거나 행동을 당하는 사람의 책임이 아니다. 누군가가 당신을 무시하거나 해치거나 경계를 침범하려 하면 당신은 당연히 감정적으로 영향을 받을 것이다. 이때 당신 자신이 그런 행동을 예방할 만큼 충분히 강한 사람이 아니라고 자책하는 것은 부당하다. 당신을 학대하거나 부당하게 대하는 사람에게는 책임이 없다고 생각하는 것 또한 말이 안 된다.

산드라는 이런 순진한 사고방식을 진심으로 믿었던 사람이다. 그녀의 경우를 살펴보자.

서른두 살인 산드라가 어느 날 내 진료실을 찾아왔다. 그녀에게는 파트리샤라는 언니가 있는데, 두 사람은 어릴 때부터 사이가 좋지 않았다. 어린 시절, 파트리샤가 산드라에게 험한 말을 하면 산드라는 울곤 했다. 부모님은 울고 있는 아이에게 "뭐 하니? 바보처럼 굴지 마. 언니가 뭐라고 할 때마다 울면 어떡해!"라고 꾸중하곤 했다. 조금 더 자라 사춘기에 이르자 산드라는 학교에서 괴롭힘을 당했다. 선생님은 부모님께 산드라를 심리상담사에게 데리고 가보라고 했다. 상담사는 산드라에게 말했다. "너에게 생기는 일은 네가 그렇게 되도록 허용할 때만 벌어지는 거란다."

상담 기간 내내, 산드라의 자존감을 강화하는 훈련은 진행되지 않았고, 누구도 그녀에게 경계를 긋는 방법을 가르쳐 주지 않았다. 나쁜 행동을 한 사람은 학교 친구들이며, 산드라는 존중받을 권리가 있고 충분히 말할 권리가 있다고 말해 주는 사람도 없었다. 담임 선생님도 다르지 않았다. 산드라를 괴롭힌 친구들을 불러 그들의 행동이 산드라의 정신과 감정에 어떤 영향을 미치는지 설명하지 않았고, 산드라가 느꼈을 감정을 공유하려고 하지도 않았다.

존중이 무엇인지 설명하지도 그리고 상대가 원하지 않는 방식으로 다른 사람을 대하면 안 된다는 것을 말해 주지도 않았다.

아무것도 달라지지 않았다. 산드라는 그저 자신이 느낀 것에 대해 스스로 책임을 져야 했고, 그런 일들을 통해 깨달은 신념을 더 확고히 하게 되었다. '나에게 무슨 일이 생기면 그건 그 일이 나에게 영향을 미치도록 내가 허용했기 때문이야. 나 외에는 그 누구도 책임지지 않아' 이런 생각은 마치 주문처럼, 산드라가 언니 파트리샤와 직장 동료들, 친구들, 연인들로부터 괴롭힘을 당할 때마다 그들의 잘못된 행동을 허락하게 만들었다. 그러는 동안 산드라는 고통을 견디며 '더 강한 사람'이 되려고 노력했다. 자기에게 경계를 그을 권리가 있고, 자기를 존중하지 않는 사람과 거리를 둘 수 있는 자격이 있다고 생각하지 못했다. 오히려 아무리 도가 지나치고 상처가 되는 행동일지라도 허용하고, 고통을 스스로 이겨 내야 한다고 생각했다.

일정 기간 치료가 진행되었다. 산드라는 스스로 결정할 권리와 능력이 있으며, 자신을 해치거나 이용하는 사람들과 더는 관계를 유지하지 않기로 선택할 수 있다는 사실을 알게 되었다. 마침내 그녀는 자신에게 상처만 되는 관계의 최전선에서 몸 바쳐 싸우는 전사로 남을 필요가 없다는 것을, 이제 그만하라고 말해도 된다는 것을 그리고 이런 태도를 통해 더 약해지는 것이 아니라 오히려 자신을 사랑하는 사람으로 거듭날 수 있다는 것을 깨달았다.

인지 편향

인지 편향이란 행동, 사고방식, 의사 결정에 영향을 미치는 주변 정보를 잘못 해석하는 것이다.

인지 편향에는 여러 유형이 있다. 그중 하나는 절대적인 관점에서 생각하는 것이다. 즉 모든 사물을 흑과 백으로, 좋거나 나쁜 것으로만 생각하는 것이다.

이런 태도는 우리의 정신과 문제 해결 능력을 과도하게 제한한다.

지금 우리가 다루고 있는 주제에서도 이러한 편향이 나타난다. 모든 것이 자신에게 달린 것도 아니고, 또 모든 것이 다른 사람에게 달린 것도 아니라는 생각을 받아들이기 어려운 것이다.

다른 사람에게 지나칠 정도로 의존하지 않고, 다른 사람의 말과 행동에 큰 상처를 받지 않기 위해서 할 수 있는 일은 많다. 예를 들면 영향의 강도를 조절하는 법, 유별난 반응을 유발하는 감정적 상처를 치유하는 법, 콤플렉스를 다루는 법, 감수성을 균형 있게 조절하는 법, 주변에서 일어나는 일을 다른 방식으로 해석하는 법 등을 배우는 것이다. 그리고 죄책감을 느끼지 않고 경계를 설정하는 방법과 관계를 맺고 싶은 사람과 맺고 싶지 않은 사람을 선택하는 법도 배워야 한다.

건강한 관계를 맺기 위해서 최선을 다했지만 여전히 개운하지 않다면, 이제 다가올 고통을 피할 수 있는 결정을 내려야 할 때다. 다시 말해, <mark>각자의 욕구를 재정의하고 절충하거나, 아니면 관계에서 상대와 거리를 두거나 관계를 끝내야 할 때란</mark> 말이다. 관계에서 당신과 상대방이 각각 져야 할 책임이 어디서 시작하고 끝나는지를 아는 것이 바로 핵심이다.

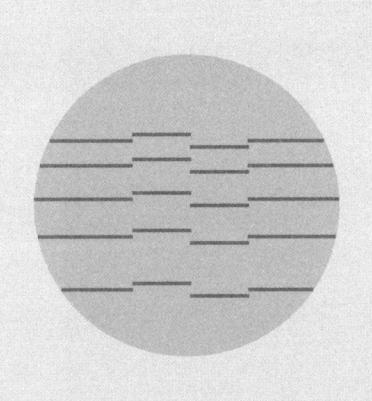

8

경계가 놓일 자리

자유란 어떤 순간에 두 개의 단음절 단어인
'예' 또는 '아니요'를 말하게 하는 의식의 흐름이다.

페르난도 사바테르 Fernando Savater*

* 스페인의 철학자, 칼럼니스트, 소설가 (1947년~)

협상할 수 있거나 협상할 수 없는 경계

지금까지 경계와 경계가 아닌 것, 양질의 관계, 제한적인 신념, 관계가 삶과 행복을 인식하는 능력에 미치는 영향 등에 관해 알아보았다. 그렇다면 이제 가장 중요한 것이 남았다. 당신의 경계가 무엇인지 파악하고, 그것을 다른 사람에게 어떻게 알릴 것인지 방법을 찾는 것이다.

당신의 기능 방식과 다른 사람의 기능 방식이 딱 들어맞지 않는 경우가 많다. 그런데 당신과 방식이 맞지 않다고 해서 상대방이 나쁜 사람이라는 뜻은 아니다. **책임져야 할 사람, 독이 되는 사람, 자아도취자 같은 사람이 늘 있는 건 아니다.**

간혹 사람들은 단순히 서로 잘 기능하지 못하는 경우가 있는데, 서로에게 최선의 결정을 하려면 이 점을 인정해야 한다. 게다가 누구나 자신만의 욕구와 규칙을 가지고 있다. 좋거나 나쁜 것, 옳거나 그른 것이 아니라 그저 다를 뿐이다.

경계는 판단할 것이 아니다. 자신의 것이든 다른 사람의 것이든 마찬가지다. 경계는 받아들여지고 존중받아야 한다. 상대와 잘 맞으면 관계를 유지하고, 맞지 않으면 관계를 맺지 않을 권리가 있다. 이 원칙은 양쪽 모두에게 적용된다. 상대가 당신의 규칙을 받아들이지 않으면, 당신은 이를 존중하고 관계를 맺지 않을 권리를 인정해야 한다.

당신의 규칙, 당신의 경계가 무엇인지 인식하는 데 필요한 두 가지 요소가 있다. 바로 감정과 자의식이다. 감정은 당신이 어떨 때 유쾌한지, 또는 불쾌한지 알려 주는 나침반 역할을 한다. 자의식은 감정에 이름을 붙이고 그것을 이해할 수 있게 해 주어 더 깊은 의미와 의의를 부여한다.

기본 감정은 여섯 가지다. 기쁨, 슬픔, 두려움, 혐오, 분노, 놀라움. 이 중 유쾌한 감정은 하나뿐이고, 네 가지 감정은 불쾌한 감정이다. 놀라움은 유쾌할 수도 있고 불쾌할 수도 있는 감정이다. 이는 당신의 뇌가 유쾌할 수 있는 일보다 위험이 될 수 있는 일이 무엇인지 알려서 당신이 그런 일을 하지 않도록 준비할 수 있게 하는 데 훨씬 더 능숙하다는 의미다. 그러니 만약 당신이 불쾌한 감정을 회피하려 한다면, 지나치게 순진한 심리를 대할 때처럼 모든 위험 신호를 듣지 못하게 된다. 나침반이 고장 나 길을 잃게 되는 것이다. 그러므로 당신은 모든 감정에 그것만의 자리를 내어 주고 주의를 기울여야 한다.

경계를 인식하게 되었다면 이제 두 가지 유형을 구별해야 한다. 어떤 상황에서도 침범할 수 없는 선, 즉 협상할 수 없는 경계와 상황에 따라 유연하게 대처할 수 있는 선, 즉 협상할 수 있는 경계가 있다.

협상할 수 없는 경계

협상할 수 없는 경계는 신체·정서적으로 안전하다고 느끼고, 원활한 관계를 유지하는 데 꼭 필요한 요소이다. 욕구, 가치관, 원칙, 존엄성 등과 관련이 있다.

누구나 자신만의 경계가 있지만, 협상할 수 없는 경계 중 어떤 것들은 모든 사람에게 적용되기도 한다. 예를 들면, 신체 또는 언어적 폭력, 존중, 자유나 권리에 대한 강압, 진심 등에 대한 경계가 그렇다. 결코 타협해서는 안 되며, 어떠한 핑계도 협상의 근거가 되어서는 안 된다. 만약 침범하면, 그 결과는 확실하고 즉각적이어야 한다.

협상 불가능한 사항이 어떤 것인지 파악하고, 그에 대해 굳건한 태도를 유지해야만 효과적으로 경계를 정할 수 있다.

협상할 수 있는 경계

협상할 수 있는 경계는 협상할 수 없는 경계보다 더 유연하게 대할 수 있다. 당신의 선호도와 욕구에 기반하지만, 신체나 정서적 안정을 침해하지 않고 존엄성을 해치지 않으며 가치나 원칙을 위험에 빠뜨리지 않기 때문이다. 그러므로 당신은 다른 사람들의 욕구와 취향에 적응할 수 있는 여유를 가질 수 있으며, 관계에서 적절한 균형을 유지할 수 있다.

두 사람 사이에서 협상할 수 있는 경계가 일치하지 않는다면, 합의에 이를 때까지 협상을 시도해 볼 수 있다.

경계를 인식하는 세 가지 단계

첫 번째   시간을 내어 협상할 수 있는 경계와 협상할 수 없는 경계에 대해 생각하기

절대 타협할 수 없는 부분이 있다면, 나머지 부분에서는 유

연한 입장을 취할 수 있다는 것을 기억하자. 그러면 다른 사람에게 적응하고, 관계를 뒷받침하는 규범에 합의하고, 차이가 있더라도 관계를 유지할 수 있다.

> 두 번째　경계가 지켜지지 않거나 '아니요'라고 대답하기 힘든 관계 알아채기

경계를 설정하거나 존중하기 힘든 관계를 식별해 내려면 가장 가까운 관계들을 하나씩 분석해 보면 된다. 관계에서 당신의 권리를 지켜 주지 않는 사람이 있다. 그가 공격적이거나 상대를 조종하고 싶어 하는 사람이거나, 자기만 존중받길 원해서 정작 당신은 자신을 존중하지 못하게 되는 경우가 있다. 이런 관계는 당신에게 매우 위압적인 태도를 보였던 상대와의 관계를 연상시킬 때 흔히 발생한다. 예컨대 어린 시절 매우 권위적인 아버지 밑에서 자랐다면, 아버지를 연상시키는 인물, 즉 남성이고 강한 성격과 자신감을 가진 사람을 만나게 된다. 그럴 경우 자신이 위축되어 자신의 경계를 당당하게 표현하거나 상대의 요청을 거부하기 어려울 수 있다.

정반대의 경우도 있을 수 있다. 다른 사람들보다 더 쉽게 타인의 경계를 존중하게 되는 경우다. 잠시 멈추어 이에 대해 생각해 보고, 당신이 다른 사람의 권리를 차별 없이 존중하는지 자문해 보는 것은 자의식 훈련에서 어려운 활동 중 하나이다. 여기서 '차별 없이 존중한다'는 것은 상대방의 요구 여부와 상관없이, 오히려 자신의 자유 의지와 윤리 의식에 따라 행동하는 것을 의미한다. 따라서 자기 관찰 능력과 겸손함, 정직함, 감성 지능 등이 필요한 작업이기 때문이다.

세 번째 경계를 설정하거나 '아니요'라고 대답하기가
가장 힘든 상황을 구체적으로 식별하기

어떤 사람에게는 자신의 경계를 표현하거나 거부하는 것이 다른 사람보다 더 어려운 경우가 있다. 이런 경우는 특정한 상황에서도 일어난다. 예컨대 당신을 제외한 모든 사람이 집단 압력에 따라 어떤 사안을 수락할 때, 혼자 거부 의사를 표현하는 것은 매우 복잡한 일이다.

대화 상대가 한 명일 때와 달리 여러 사람 앞에서 부정적인 의견을 제시하는 것 또한 쉽지 않다. 이처럼 경계를 정하기 더 힘든 상황을 식별할 줄 안다면 그런 상황에 더 많은 주의를 기울여 구체적인 해결책을 찾아낼 수 있을 것이다.

손해가 곧 이득

사실 당신이 다른 사람들에게 경계를 긋는다는 것은 곧 당신 자신에게 경계를 정하는 것과 마찬가지다. 즉 '이것은 내가 용납할 수 있고, 저것은 용납할 수 없다'라고 자신에게 말하는 것과 같다. 이런 경계는 오직 당신 자신에 관한 것이며, 자신을 돌보고 보호하고 존중하기 위해 그 경계에 맞게 행동해야 한다. 다시 말해 정신 건강과 마음의 평정을 위해 때로는 고통스럽지만 필요한 선택을 해야 한다는 뜻이다. 누군가와 거리를 두기로 하거나 관계를 끊어야 하는 경우처럼 말이다.

당신이 음식 배달 가게를 운영한다고 가정해 보자. 사업 초반에는 작은 가게를 활성화하기 위해 하루 열여덟 시간씩 일하기로 했다. 일 년이 지나자 고객 수가 충분히 확보되었고 수입도 안정되고 배달 음식의 품질도 일정 수준으로 끌어올리게 되었다. 그런데 당신은 완전히 지쳐 버렸다. 그래서 전과 같이 일해서는 사업을 지속할 수 없고, 가족과 함께 보낼 시간이 턱없이 부족하기 때문에 근무 시간을 줄이기로 한다. 그리고 영업시간을 단축하겠다고 고객들에게 알린다. 이제 열여덟 시간이 아니라 열두 시간만 영업하기로 한다. 이 경우 고객들의 반응을 두 가지로 예상할 수 있다. 당신의 결정에 공감하고 이해하는 반응과, 공감하지 않고 화내는 반응이다.

이해하는 그룹 대부분은 당신의 음식을 계속해서 사 먹을 것이다. 그런데 그중에는 단축된 영업시간이 자신에게 맞지 않아 이제 구매하지 않겠다는 고객도 있을 것이다. 그렇지만 당신 가게를 다른 사람에게 추천한다거나 당신의 요리에 감사하는 마음은 지속될 수 있다.

두 번째 그룹의 경우, 처음에는 짜증 나지만 결국 당신도 인간이며 자신들과 똑같은 욕구가 있다는 것을 받아들이고 계속해서 당신의 요리를 사는 사람이 있는가 하면, 너무 화가 나서 다시는 당신 가게를 찾지 않는 사람도 있을 것이다. 이 마지막 그룹에 속하는 사람들은 형편없는 고객들이다. 대중을 상대로 일하는 사람이라면 누구나 한 번쯤 겪었을 법하고, 상대를 경멸하고 다그치기 때문에 울고 소리 지르고 싶게 만드는 사람들이다. 말도 안 되는 이유로 상대를 존중하지 않아도 된다고 생각하고 상대가 자기에게 봉사하기 위해 존재하는 것처럼 행동한다. 이런 고객은 당신에게 도움이 되지 않을 것이다. 이런 고객들을 버리는 것은 손해가 아니라 차라리 이득이다. 내가 '손해가 곧 이득'이라고 명명한 이런 경우는 당장의 손해가 결과적으로는 이득이 되는 경우를 일컫는다.

사람 간의 관계에서도 정확히 똑같은 현상이 나타난다. **잃는 게 오히려 얻는 게 될 수 있다. 얼핏 모순처럼 들리고 처음에는 고통스러울 수 있지만, 당신의 경계를 존중하지 않거나 당신에게 공감하지 못하는 사람들을 놓아주는 법을 배워야 한다.** 세상 모든 사람과 잘 지낼 수 없다는 것을 받아들여야 한다. 자신을 보호하고 돌보며 자신에게 솔직한 동시에 자신에게 부당한 대우를 하는 사람들과도 좋은 관계를 유지할 수는 없다. 당신의 정신 건강을 최우선으로 삼으려면 다른 사람들 개개인을 만족시키기 전에 먼저 당신의 자존감을 건강하게 만들어야 한다. 그렇게 하지 않으면 당신 주변에는 여전히 당신을 힘들게 하는 사람들이 있을 것이다.

그러니 경계를 그을 때 몇 차례 '손해가 곧 이득'이 되는 경우를 경험하는 것은 정상적인 일이지만, 이런 경험은 당신의 사회적 환경을 정화하는 필터 역할을 할 뿐이다. 처음에는 아프겠지만, 곧 회복될 것이다. 그런데 상대방이 부여하지도 않은 특권이 자신에게 있다고 생각하는 사람 대부분은 손해가 곧 이득이 될 그런 상황을 이해하고 적응하는 데 시간이 걸릴 것이다. 처음에는 이런 새로운 역학 관계에서 불편하고, 혼란스럽고, 방향을 잃은 것만 같을 것이다. 심지어 당신이 변했다고 화를 내고 예전과 같지 않다고 비난할 수도 있다.

그런데 사실 그게 핵심이다.

적응하고 숙고하는 시간이 지나고 나면, 당신의 경계를 이해하든 못하든 당신을 건강한 방식으로 사랑하는 사람이라면 그것을 받아들이고 존중하거나 필요한 경우 협상하려고 할 것이다.

그러니 경계를 긋는 첫 단계에서 비난과 짜증스러운 얼굴을 마주할 가능성이 매우 크더라도, 다른 사람들이 적응할 수 있도록 충분한 시간 동안 당신의 목표에 대해 단호한 태도를 유지하여 이 단계를 잘 통과해야 한다. 아마도 이 단계가 가장 힘들 것이다. 그런데 이 단계를 잘 극복하면 남은 모든 일이 순조롭게 흘러갈 것이다.

9

자기주장성과
의사소통 스타일

우리는 지금의 나를 바꾸려고 노력하는 존재들이다.

에두아르도 갈레아노 Eduardo Galeano*

* 우루과이의 지식인, 언론인, 소설가(1940년 9월 3일~2015년 4월 13일)

자기주장성이란?

일반적으로 자기주장성은 자기와 다른 사람의 감정을 존중하면서 감정, 의견, 생각을 표현하는 기술이라고 정의한다. 말하자면 공격적이지 않으면서도 아주 솔직하게 소통하며, 고분고분하지 않으면서도 적당히 친절하게 소통하는 방식이다.

이러한 정의는 자기주장성의 의사소통적인 측면을 강조한 것이며, 자기주장성의 첫 번째 단계에 대한 설명이라고 할 수 있다. 그렇다면 자기주장성의 두 번째 단계는 무엇인가? 바로 자기주장적인 사람이 '되는 것'이다.

두 번째 단계는 첫 번째 단계에서 표현된 방식보다 훨씬 더 많은 기술과 구성 개념을 포괄한다. 자기주장적이라는 것은 태도에 관한 것이다. 다른 사람 그리고 자기 자신과 관계를 맺는 방식, 자신에게 일어나는 일을 대하고 느끼고 경험하는 방식에 관한 것이다. 정직, 존중, 정의 등의 가치가 자신을 표현하는 방식뿐만 아니라 행동하고 느끼는 방식에도 영향을 미치는 삶의 양식을 말한다.

그러므로 자기주장적인 행동과 자기주장적인 사람이 되는

것을 구별할 수 있어야 한다. 자기주장적인 행동이 의사소통 측면만을 다룬다면, 자기주장적인 사람이 된다는 것은 태도와 인지, 감정적 측면을 모두 포괄한다.

어떻게 하면 자기주장적인 사람이 될 수 있을까?

'어떤 존재가 된다'는 것은 언제나 '~처럼 행동한다'는 것보다 훨씬 더 복잡하다. 하지만 행동은 결국 당신을 어떤 존재가 되도록 이끌 수 있다.

당신 본연의 모습을 만들고 그렇게 되도록 영향을 미치는 주요한 요소 중 하나는 바로 의사소통 방식이다. 의사소통에서 주요한 측면 중에 하나를 구성하는 언어는 생각하고, 느끼고, 관계 맺고, 현실을 해석하고 형성하는 방식을 결정하는 요소이다. 그러므로 언어는 당신의 개인적, 사회적 삶의 모든 측면과 매우 깊은 관련이 있다.

언어는 현실을 만들어 내고, 파괴하고, 구성하는 강력한 도구다. 이름이 없으면 존재하지 않으며, 이름이 붙는 순간 현실이 된다. 그래서 문화와 사회에 깊이 스며든 사고방식을 바꾸고자 하는 모든 사회적 투쟁에서 언어의 재구성은 가장 중요하고 강력한 요소로 꼽힌다. 특히 남성 우월주의처럼 오랫동안 내면화된 관념을 변화시키려면, 이미 규격화되어 버린 태도와 신념, 행동, 법률, 제도, 전통 그리고 남성 우월주의적 표현에 대한 인식을 새롭게 해야 한다. 이러한 언어적 전환이야말로 사고의 틀을 뒤흔들고, 사회 변화를 이끌어 내는 출발점이 된다.

많은 사람의 개별 언어를 개조하면 집단의 상상력이 바뀌고, 집단의 상상력이 바뀌면 사회의 현실 인식도 바뀐다. 이런 식으로 사상, 신념, 문화, 사회가 변화하는 것이다.

같은 맥락에서 모든 심리적 기술이나 측면을 훈련할 때 언어를 개조하는 것은 결과적으로 매우 강력하고 효과적인 전략이다. 자신을 표현하는 방식을 바꾸면 심리적 도미노 효과가 발생한다. 즉 관계의 역학이라든가, 자아 개념, 생각 그리고 감정까지, 갈수록 심오하고 복잡한 일련의 변화가 일어난다.

의사소통 스타일

행동의 특정 측면을 개선하기 위한 치료에서 첫 번째 단계는 현재 시점에서 자신이 어떻게 행동하고, 생각하며, 느끼는지, 즉 행동을 유지하는 세 가지 요소를 이해하는 것이다. 이것을 A 지점이라고 하자.

지금 위치가 파악되면, 이제 어디로 가고 싶은지, 즉 목표지점을 알아야 한다. 이것을 B 지점이라고 하자.

A 지점에서 B 지점까지 가려면 액션 플랜을 세워야 한다. 최종 목표에 단계적으로 도달하기 위해 기간을 정해 작고 구체적인 하위 목표들을 정한다.

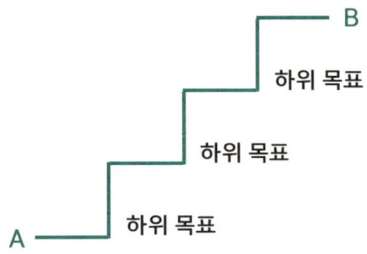

B 지점은 관계에서 건강하고 적극적인 방식으로 경계를 정할 수 있게 되는 지점이다.

A 지점은 개인마다 다를 수 있다. 각자 자신의 출발 지점이 어디인지 알아내야 한다. 다시 말해, 자신의 의사소통 스타일이 무엇인지 파악해야 한다.

다양한 의사소통 스타일을 정확히 분류할 수 있는 가장 간단한 방법 중 하나는 2축 모델이다.

다른 사람의 권리를 보호한다.

수동적
다른 사람의 권리를 내 권리보다 우선시하며, 내 권리를 옹호하려 하지 않는다.

자기주장적
다른 사람의 권리를 존중하지만 나의 권리도 보호한다. '아니요'라고 말해야 할 경우에는 그렇게 한다.

나의 권리를 보호하지 않는다. ←——————→ **나의 권리를 보호한다.**

수동적 - 공격적
권리를 주장하지 않지만 다른 사람이 나를 함부로 대하는 것도 싫다. 뒤에서 욕하며 만남을 피한다. 어느 지점에 도달하면 폭발하고 공격적으로 변한다.

공격적
다른 사람의 권리에는 관심이 없다. 항상 나의 권리가 제일 중요하다. 원하는 건 언제든지 얻을 수 있다.

다른 사람의 권리를 보호하지 않는다.

이와 같이 의사소통 스타일을 유형에 따라 네 종류로 구분할 수 있다.

수평축은 당신이 자신의 권리를 수호하고 존중하는 정도를, 수직축은 당신이 다른 사람의 권리를 수호하고 존중하는 정도를 나타낸다. 이 모델을 참고로 하여 자기 자신뿐만 아니라 자신과 관계 맺고 있는 사람들의 의사소통 스타일을 확인할 수 있다.

수동적인 스타일

자기 자신의 권리를 보호하지 않고 다른 사람의 권리를 우선으로 생각하고, 보호한다. 두려움 때문에 스스로 억제하며 자신의 느낌이나 감정을 말로 표현하지 않는다. 자신의 생각이나 느낌은 중요하지 않다고 여긴다. 다른 사람들의 비판이나 평가를 두려워한다. 이로 인해 긴장감, 좌절감, 원망 등의 감정이 쌓인다. 불안, 슬픔, 죄책감, 분노를 느끼곤 한다.

"걱정 마" "중요하지 않아" "아마도" "미안해"(지나치게 자주) "귀찮게 하기 싫지만…" 등의 말을 자주 한다.

이런 사람의 비언어적 표현에는 다음과 같은 특징이 있다. 시선을 아래로 향하거나 회피한다. 목소리가 낮다. 공간을 거의 차지하지 않는다. 손과 팔을 이용해 몸짓하면서 말하지 않는다. 폐쇄적인 자세를 취한다.

공격적인 스타일

자기 권리만 중요하게 생각하며 상대의 권리는 존중하지 않는다. 다른 사람의 감정은 고려하지 않은 채 적대적인 태도로 자신을 표현한다. 대체로 분노, 화, 증오심을 느끼는 상태다.

이런 사람의 비언어적 표현에는 다음과 같은 특징이 있다. 딱딱한 표정으로 눈을 마주친다. 목소리가 높다. 급하게 말하는 버릇이 있다. 넓은 공간을 차지한다. 예를 들어 다리를 벌리고 앉거나, 다른 사람의 개인 공간을 침범하는 행동을 한다. 말할 때는 손가락으로 가리키거나 손으로 탁자를 치는 등 위협적인 행동을 보이고, 딱딱하고 긴장된 자세를 취한다.

수동적-공격적인 스타일

자신의 권리를 보호하지 못하지만, 다른 사람이 자신의 권리를 강요하지 못하도록 조정하려는 메커니즘을 통해 자신의 권리를 지키려고 애쓴다. 자신을 표현하는 것을 용납하지 않는 데 대해 분노와 좌절, 부당함을 느낀다. 이러한 감정은 죄책감 유발이나 처벌, 복수 준비 같은 위선적이고 부정직한 방식으로 타인을 조종하려는 행동으로 이어질 수 있다.

"당신이 무슨 짓을 했는지 알게 될 거야" "아, 더는 귀찮게 하지 않을게요." "아니요, 아무 문제 없어요.. 걱정하지 마세요" "당신이 원하는 대로 하세요" 등의 말을 자주 한다.

이런 사람의 비언어적 표현의 특징은 상대와 시점에 따라 수동적일 때도 있고 공격적일 때도 있다는 것이다.

자기주장적인 스타일

자신과 동시에 타인의 권리를 보호하고 존중한다. 자신과 타인의 감정과 권리를 고려하여 의사소통하고, 타인의 의견을 강요하거나 무시하지 않으면서도 자신의 의견을 솔직하게 표현한다. 누군가의 자유는 다른 사람의 자유가 시작되는 곳에서 끝난다는 사실을 인정한다. 따라서 자기 생각을 아무렇게나 있는 대로 다 말하는 것이 자기주장성이라고 생각하지 않으며, 요청받지 않은 상황인데 어떤 행동이나 사람에 대해 의견을 말하는 것을 표현의 자유라고 착각하지 않는다. 넘지 말아야 할 선을 잘 지킨다. 다시 말해 존중하는 마음으로 상대를 대한다.

"내 생각에는…" "저는~하고 싶어요" "저는 ~을 원해요" "해보자" "이 문제를 어떻게 해결할 수 있을까?" "당신 생각은 어때요?" "어떻게 생각해요?" 등의 표현을 자주 사용한다.

이런 사람의 비언어적 표현의 특징은 다음과 같다. 편안하고 안정적인 표정으로 눈을 바라보는데, 이런 시선은 7~10초 정도를 넘지 않는다. 목소리는 상대방이 알아듣기 좋은 정도이며 높지 않다. 손과 팔을 이용해 몸짓하며 말하지만 다른 사람의 공간을 침해하진 않는다. 물 흐르듯 자연스럽게 의사소통한다. 열린 자세를 취한다. 어깨는 가볍고 뒤로 넘어가고 등은 곧게 편다. 고개를 잘 숙이지 않으며 상대방의 이야기를 들을 때 팔은 편안한 상태를 유지한다.

출발점과 최종 목표를 파악하고 나면, 이제 한 지점에서 다른 지점까지 성공적으로 전진하기 위해 행동 계획을 세울 차례다.

그런데 본격적으로 작업을 시작하기 전에 고려해야 할 것이

한 가지 있다. 심리학의 기본 원칙 중 하나는 누구나 처한 환경과 성격이 다르며, 기능하는 방식도 다 다르다는 것을 인정해야 한다는 것이다. 따라서 A 지점에서 B 지점으로 가는 길이 단 하나만 있는 것이 아니라, 누구나 자신의 출발점과 개성에 맞는 자기만의 길을 개척하게 될 것이다. 이런 면을 다루지 않고 모든 사람에게 오직 하나의 모델만 제시하는 자기계발서는 의미가 없다.

공격적인 의사소통 스타일을 가진 사람은 수동적인 스타일의 사람과는 다른 길을 가게 될 것이다. 변화에 적응하는 데 비교적 오래 걸리는 사람은 적응력이 뛰어난 사람에 비해 더 많은 시간이 필요할 것이다.

가까운 사람으로부터 지속적으로 괴롭힘당하고 조종당한 사람은 이 과정에서 자신의 신념과 죄책감을 극복하기 위해 가족으로부터 아낌없는 지원을 받는 사람보다 더 열심히 노력해야 할 것이다. 한 사람이 처한 조건이나 성격은 이 세상을 살아가는 사람만큼이나 다양하다. 그러니 단 하나의 처방이 우리에게 유효할 것이라는 가정은 어불성설이다.

자기주장성의 바탕

자기주장 행동은 앞서 언급한 적극적인 권리 열 가지와 의무 한 가지를 바탕으로 한다.

우리의 권리를 다시 한번 되짚어 보자.

- 느낌과 감정, 생각, 욕구를 표현할 권리가 있다.
- 존중받고 존엄성 있게 대우받을 권리가 있다.
- 반대 의사를 표현할 권리가 있다.
- '아니요'라고 대답할 권리가 있다.
- 무언가를 좋아할 권리가 있다.
- 무언가를 좋아하지 않을 권리가 있다.
- 원하는 대로 마음을 바꿀 권리가 있다.
- 실수할 권리가 있다.
- 자신의 삶, 신체, 시간에 대해 결정할 권리가 있다.
- 자기만의 우선순위를 정할 권리가 있다.
- 우리의 유일한 의무는 다른 사람의 권리를 존중하는 것이다.

앞서 살펴본 바와 같이, 자기주장성은 특정 방식으로 의사소통하는 능력만을 의미하는 것은 아니다. 자기주장성은 기술, 신념, 행동, 생각하고 느끼는 방식 등을 모두 포괄하는 개념이다. 그러니 자기주장적인 사람이 되려면 자기주장성의 바탕이 되는 성격의 기초를 다지는 작업을 선행해야 한다.

이 개념을 이해하기 위해 아래의 빙산 모델을 살펴보자.

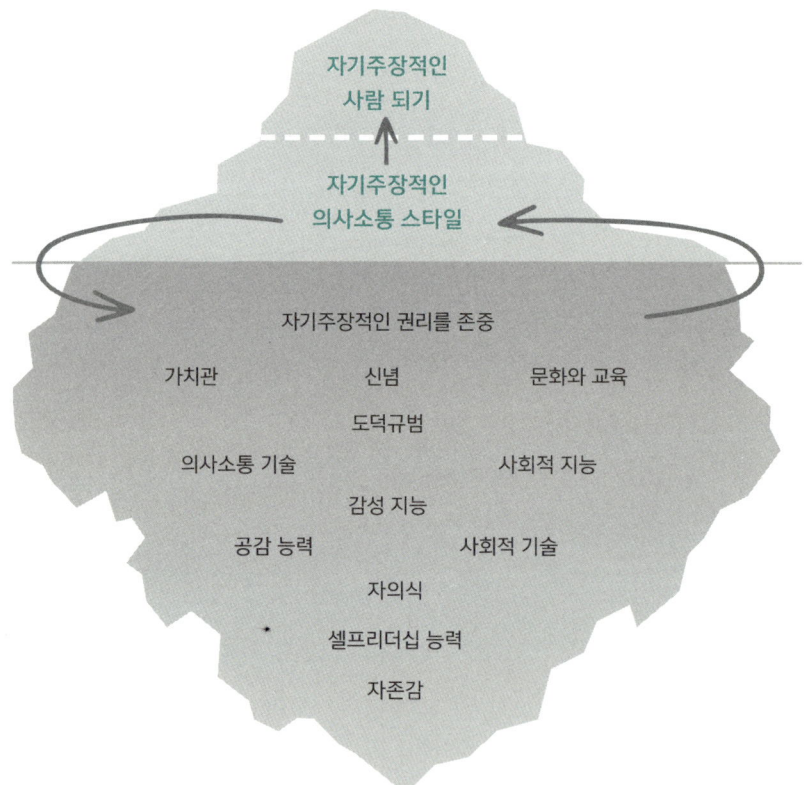

진정한 자기주장성의 근간에는 그림에서 보는 바와 같이 빙산 하부에 있는 요소들이 숨겨져 있다. 가치관, 자기주장적인 권리에 대한 존중, 신념, 도덕규범, 의사소통 기술, 감성 지능, 사회적 지능, 문화와 교육, 사회적 기술, 공감 능력, 자의식, 셀프리더십 능력 그리고 당연히 자존감까지. 이 모든 요소는 자기주장 행동을 펼치는 능력에 영향을 미친다.

==자기주장 행동과 모든 개인 목표에 관한 훈련을 성공으로 이끄는 가장 중요한 열쇠는 자의식이다.== 자신에 대한 이러한 모든 측면을 깨달는다면, 자기주장적인 사람 되기라는 목표에 달성하기 위해 해결해야 할 잠재적인 편견이나 단점을 파악할 수 있을 것이다. 그러니 빙산 모델을 구성하는 요소 하나하나에 대해서 스스로 자문해 보는 것은 좋은 훈련 방법이 될 수 있다.

당신의 욕구나 욕망을 우선시할 때 죄책감을 느끼게 하는 제한적인 신념에 대해 앞에서 살펴본 바 있다. 이런 유형의 신념을 확인하는 것만으로도 당신은 그것에게서 벗어나는 훈련을 할 수 있다. 그러니 잠시 시간을 내어 당신이 자신과 타인, 세상에 대해 가진 신념이 무엇인지 분석해 보자. 그런 뒤 버려야 할 것은 버리고, 그 빈 자리에 전보다 더 건강한 다른 신념을 채워 넣어야 당신은 A 지점에서 B 지점으로 나아갈 수 있다.

가치관이나 도덕규범도 마찬가지다. 자기주장적인 사람이 되려면 자신의 가치관이나 도덕규범에 존중, 정의, 친절 등의 개념이 반드시 있어야 한다. 그러니, 자기주장적인 사람이 되려면 자신의 가치와 원칙을 돌이켜보고 그것을 지키려고 행동해야 한다.

더불어 문화의 영향과 교육받은 방식을 고려하는 것도 의사소통 스타일을 이해하는 데 도움이 된다. 그리고 이후에 의사소통 스타일을 바꾸는 것 또한 더 쉬워진다.

감성 지능, 사회적 지능, 의사소통 기술, 사회적 기술의 수준 또한 결정적인 요소이다. 이러한 요소들의 기초가 되는 적성들이 모여 인지의 기반을 형성하고 자기주장성을 바탕으로 한 관계 맺기 능력의 바탕이 된다. 그러므로 자신의 이런 측면에 대해 안다는 것은, 어떤 부분을 훈련해야 할지 결정하는 데 중요한 정보가 될 수 있다.

셀프리더십은 자기 생각과 행동을 주도하는 능력이다. '아니요'라고 말하고 싶을 때 아니라고 말하고, '예'라고 말하고 싶을 때 예라고 말할 수 있는 능력을 말한다. 즉 **자신의 가치관에 따라 행동하고, 생각하고 느끼는 바를 정직하게 말하며, 필요할 때는 경계를 그을 줄 안다.** 자신이 셀프리더십이 있는 사람인지 관찰한다면 자신이 주장적인 사람이 되는 데 필요한 이러한 측면들을 어느 정도 갖추고 있는지 알 수 있다.

끝으로, 빙산 모델의 가장 아래에 있는 자존감에 대해 보자. 자존감은 당신의 모든 행동, 생각, 감정의 기반이다. 자존감은 자아 개념, 자기 평가, 자아 수용, 자기 존중 등으로 구성되며, 당신의 삶 전체를 조정한다. 당신에게 이런 측면들이 부족하다면, 진정으로 자기주장성을 갖춘 사람이 되기 위해 부족한 부분을 개선하려는 노력이 꼭 필요하다. 건강한 자존감은 자기주장성의 필수 조건이기 때문이다.

빙산의 표면에는 두 개의 층이 있다. 자기주장적인 의사소통 스타일 갖추기와 자기주장적인 사람 되기이다. 이 둘은 다른 개념이다. 자기주장적인 의사소통 스타일을 갖추었다고 해서 자기주장적인 사람이 될 수 있는 건 아니다. 그리고 그 반대 경우는 불가능하다.

자기주장적인 의사소통 스타일이 다음 단계로 확장하여 자기주장적으로 행동하고 생각하고 느끼게 된다면 자기주장적인 사람이 되었다고 말할 수 있다.

자기주장적으로 의사소통하지만, 그렇다고 자기주장적이지는 않은 사람은 자기가 '해야 할' 말이 무엇인지는 잘 알고 있지만, 정작 그것을 말할 때는 불쾌한 감정을 느낀다. 예컨대, 자기에게 '아니요'라고 말할 권리가 있다는 사실을 알고 있지만, 실제로 말할 때는 자신이 이기주의자인 것처럼 느껴진다. 그런데 자기주장적인 사람은 자기에게 '아니요'라고 말할 권리가 있다는 것을 머리로도 알고 있고 가슴으로도 느낀다. 그래서 그것을 실천할 때 침착한 모습이며 죄책감이나 이기주의자가 되었다는 느낌을 전혀 느끼지 않는다.

자기주장적으로 의사소통하는 사람은 상대방이 자기에게 호의를 베풀지 못하는 상황이거나 베풀고 싶어 하지 않는다는 사실을 존중해야 한다는 것을 알고 자기주장적으로 반응하지만, 실제로 이런 일이 생기면 거북하게 느낀다. 반면 자기주장적인 사람은 상대방이 자기에게 호의를 베풀지 못하거나 베풀고 싶어 하지 않는다는 사실을 존중해야 한다는 것을 알고 또 그렇게 느껴 아무 망설임 없이, 판단하지 않고, 감정의 동요 없이 있는 그대로 받아들인다.

자기주장적인 사람은 이론적으로만이 아니라 감정적으로도 자아 존중 권리를 인정한다. 자신이 건강하고 정직하며 공감 능력이 있으며 공정한 사람이라고 느낀다. 죄책감을 느끼거나 나쁜 사람이라고 생각하지 않으며, 이기적이라고 생각하지도 않는다. 그리고 다른 사람에게도 똑같은 권리가 있다는 것을 인정한다.

요약하자면, 빙산 모델에서 자기주장성에 도달하려면, 즉 자기주장적인 사람이 되려면 그 바탕이 되는 측면들을 훈련해야 한다. 훈련을 계속하다 보면 자기주장적인 의사소통 스타일, 즉 자기주장성의 첫 단계가 형성될 것이다. 이 변화는 도미노 효과를 일으켜 다른 사람과 관계를 맺는 방식에까지 영향을 미치고, 궁극적으로 자기 자신과 관계를 맺는 방식과 빙산의 토대를 구성하는 더 깊은 측면들까지 영향을 끼치게 된다.

빙산의 토대와 자기주장성의 첫 단계 사이의 피드백이 장기간 지속되면 빙산의 꼭대기에 도달하게 된다. 즉 온전히 자기주장적인 사람이 되는 것이다.

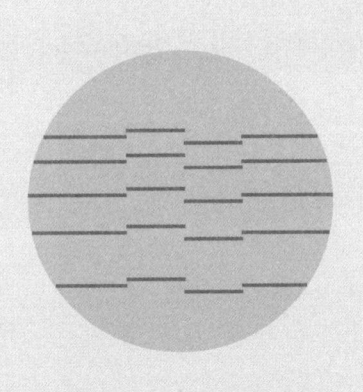

10

효과적으로 소통하기 위한 인지행동 전략

그녀에게 다른 사람을
만족시키는 법을 가르치지 말고
진실해지는 법을 가르치세요.
친절해지는 법, 용감해지는 법도요.
그녀가 자기 생각을 말하도록,
진실을 말하도록 격려해 주세요….
무언가 불편한 게 있으면
불평해도 된다고 말해 주세요.

치마만다 응고지 아디치에 Chimamanda Ngozi Adichie*

* 나이지리아 소설가, 수필가, 극작가(1977년 9월 15일~)

행동으로 배우는 자기주장성

이제 자기주장성이 무엇인지 이론적으로 알게 되었으니 행동으로 옮길 차례다.

모든 심리 치료가 그렇지만, 개선 효과를 얻기 위해 시도하는 가장 효과적인 방법은 인지적 측면과 행동적 측면을 모두 실제 행동으로 옮기는 것이다. 인지적 측면은 정신 과정과 사고를 포함한다. 행동적 측면은 우리의 행동을 의미한다. 인지행동적 접근 방식은 행동에 변화를 꾀하는 동시에 생각하고 현실을 해석하는 방식에도 변화를 가져온다. 그리하여 시간이 지남에 따라 심오하고 지속적인 변화를 이루게 된다.

이번 장에서는 자기주장성의 기술을 개선해 줄 인지행동 전략에 대해 알아보자.

앞으로 소개할 전략들을 실행할 때, 초반에는 힘든 것이 당연하다. 그러니 목표를 달성하는 데 들이는 훈련 시간과 시행착오를 겪는 시간이 필요하다는 점을 받아들여야 한다. 물론 이 기간에는 시행보다 착오가 더 많지만, 목표를 달성하는 데 필요한 과정이다. 그리고 두려움, 죄책감, 불안 등의 힘든 감정과 경계를 설정하려고 하는 당신의 의도를 거부하는 사람들을 직면하게 될 것이다.

효과적인 의사소통을 위한 세 가지 황금률

경계를 설정해야 할 때나 '아니요'라고 말해야 할 때 꼭 기억해야 할 세 가지 기본 규칙이 있다.

분명하고 확실하게, 둘러대지 않고 말하기

'거절해야 할 일이 있으면 가능한 한 빨리 거절하는 게 낫다'라는 스페인 속담이 있다. 맞는 말이다. 누군가가 선을 넘으려 하거나, 당신이 '아니요'라고 말하고 싶을 때는 가능한 한 빨리 그리고 둘러대지 않고 말하는 게 최선이다. 일회용 반창고를 뜯어낼 때를 생각해 보라. 아프지 않을 도리가 없지만, 천천히 뜯을수록 더 아픈 법이다. 가장 좋은 건 살며시, 그러나 한 번 만에 깔끔하게 처리하는 걸 테다.

경계를 긋고 거절해야 할 때 상냥하지만 분명하고 확실하게, 지나치게 많은 핑계를 대지 않고 말하는 것이다.

빙빙 둘러대거나 지나치게 많이 설명하려 들면 두 가지 실수를 저지르게 된다. 하나는, 그렇게 행동하면 그저 어떤 행동을 하고 싶지 않다거나 귀찮다거나 피해가 된다는 단순한 사실이 거절하거나 경계를 설정하는 데 충분한 이유가 되지 않는 것처럼 보일 수 있다는 것이다. 다른 하나는, 상대방에게 변명을 늘어놓을수록 오히려 그것이 상대방에게 계속해서 자기주장을 고집하게 하는 빌미가 될 수 있다는 것이다. 당신이 변명하면 할수록 상대방은 더 고집을 피울 것이다. 아래 대화를 통해 살펴보자.

"한잔할까?

"음… 그게… 어… 실은 내가 돈이 없어."

"아, 걱정하지 마. 내가 살게. 다음번에 네가 사면 되지."

"고마워. 그런데 지금 좀 늦긴 했잖아."

"뭐가 걱정이야! 딱 한 잔만 마시고 가자. 오래 안 걸릴 거야. 가자!"

"실은 아내가 같이 저녁 먹으려고 기다리고 있어."

"아, 그럼 내가 나중에 택시비 줄 테니 택시 타고 가. 그럼 저녁식사 시간에 딱 맞게 도착할 거야."

"음… 그럼… 그러지 뭐…."

이때 설명하거나 핑계를 대는 대신 그저 분명하고 확실하게 '아니'라고 말했다면, 상대방이 해결책을 제시하거나 자기주장을 고집할 수 없었을 것이다.

"한잔할까?"
"오늘은 별로 안 내키네. 그래도 고마워. 다음에 하자!"

비례적 결과와 일치적 결과

경계를 침범했을 때 아무런 결과가 없다면 그 경계는 더 이상 경계가 아니다. 결과는 일어난 일의 피해나 심각성에 상응해야 한다. 즉 비례적이어야 한다. 예컨대, 약속에 두세 번 늦었다고 해서 그 사람을 폭언이나 폭력을 행사한 사람처럼 대할 수는 없다. 폭언이나 폭력은 경계를 침범한 정도가 훨씬 더 심각하다. 따라서 그에 따른 결과 또한 더 강력할 수밖에 없다.

경계가 되기 위한 또 다른 조건은 그 결과가 일치해야 한다는 것이다. 경계 침범의 결과에 대해 사전에 서로 이야기가 되었다면, 반드시 경계를 지켜야만 한다. 만약 지키지 않는다면 당신은 신뢰를 잃을 것이고, 상대방에게 '네가 원하는 건 뭐든지 할 수 있다'라는 뜻의 메시지를 전달하게 될 것이다. 그러므로 경계 침범의 결과에 관해 이야기하기로 했다면, 무슨 일이 있어도 경계를 지켜야만 한다.

호의가 반복되면

부탁을 받아들이거나 양보해야 하는 상황에서 명심해야 할 규칙이 있다. 어떤 일이 특정한 방식으로 세 번 연속으로 일어나면 당위성을 부여하기 시작하고, 그렇게 생각하지 않는 순간 부당하다고 인식하게 된다는 것이다. 그런데 초반에 거절하면 이런 일은 일어나지 않는다.

예를 들어 보자. 후안은 새로운 직장을 얻었다. 직장 동료 중 한 명이 회사 프로그램에 데이터를 입력하는 일을 도와줄 수 있느냐고 물었다. 후안은 그의 부탁을 수락했다. 새 직장에 적응하려면 처리해야 할 일이 많았지만, 동료에게 나쁜 인상을 주고 싶지 않았기 때문이다. 그런데 그다음 주에 같은 사람이 후안에게 또 같은 일을 부탁했고, 후안 역시 같은 이유로 부탁을 수락했다. 세 번째 주에도 같은 동료가 또 후안에게 도움을 요청했고, 후안은 부탁을 수락했다. 그런데 이제 지쳐 버린 후안은, 다음에 또 동료가 부탁하면 거절해야겠다고 마음먹었다. 그런데 생각지도 못한 일이 벌어졌다. 동료는 "후안, 네 책상 위에 자료를 올려 뒀어. 고마워! 주말 잘 보내!"라고 말하고는 사무실을 떠나 버린 것이다.

동료는 후안이 자기 일을 끝내 주리란 걸 기정사실화했다. 그런 행동이 이미 일상이자 습관이 되어 버렸기 때문이다. 후안은 이 일로 매우 괴로웠다. 자기 일도 아닌데 동료의 부탁을 거부하기가 더 어려워졌기 때문이었다. 그래도 후안은 용기를 내어 보기로 했다. 그다음 주가 되자 동료는 어김없이 일거리를 떠넘겼고, 후안은 유감이지만 시간이 없어서 더는 도와줄 수 없노라고 동료에게 말했다. 그러자 동료는 "아, 걱정하지 마. 문제없어"라며 친절하게 대답했다. 그리고 그 이후로는 깍듯하게 인사만 할 뿐 다른 부탁은 전혀 하지 않았다.

물론 그 동료가 매우 뻔뻔한 사람이고 후안은 좋은 의도로 그의 부탁을 들어준 게 사실이다. 그렇지만 세 번 이상 연속으로 동료의 부탁을 들어주면서 그 일이 자신에게 어떤 어려움을 초래하고 있는지 말하지 않았다. 그리고 한 번은 할 수 있지만 그 일을 동료 대신 마무리할 수는 없다는 뜻을 분명히 전하지 않은 것은 후안의 실수였다. 그러니 후안이 더는 도와줄 수 없다고 말하자 그의 동료는 마치 후안이 약속을 지키지 않는 것처럼 느꼈던 것이다.

상황을 잘못 해석한 사람은 동료라는 사실은 의심할 여지가 없다. 그렇지만 누가 잘했고 잘못했는지 따지지 않더라도 이런 상황은 일상적으로 일어나는 일이며 후안과 같은 상황을 피할 방법이 없는 건 아니다. 상대방의 부탁이 세 번 연속 계속되기 전에 부탁을 거절할 수 있어야 한다. 그리고 어쩔 수 없이 부탁을 수락하더라도 매번 부탁을 들어줄 수 없다는 것을 분명히 말해야 한다.

'마치 ~인 것처럼' 전략

이렇듯 자기주장적인 의사소통 스타일을 구사하면 자신의 더 심오한 측면에서 긍정적인 변화가 일고, 이를 통해 긍정적인 피드백을 일으킬 수 있다. 이런 맥락에서 보면, 행동의 변화를 출발점으로 삼아 내면의 깊은 층위로 나아가는 과정은 반대로 내면의 변화를 행동으로 옮기는 과정보다 훨씬 단순하다. 그러니 우리 정신 건강 전문가들은 성격과 행동의 복잡한 측면을 개선하고자 할 때 자주 이 전략을 사용한다.

이 기술은 마치 자신이 자기주장성이 있는 사람처럼 행동하면 진짜 그렇게 될 수 있다는 것으로, 앞서 언급한 피드백 메커니즘 덕분에 가능한 일이다. 그렇다고 해서 당신이 바꾸고 싶어 하는 성격이나 행동의 모든 측면에 적용되는 기술은 아니라는 점을 강조하고 싶다. 어디까지나 상식적으로 해석해야 하지만, 분명한 것은 심리적인 측면을 개선하는 데 유용하다는 것이다.

어쨌든 자신이 상냥하고, 매력적이고, 자기 확인이 있으며 언변이 유창한 자기주장성이 있는 사람인 양 행동하기 시작하면 그렇게 되는데 한 걸음 가까워진다. 그런데 이 기술이 성공을 거두려면 한 가지 전략을 실행해야 한다.

'마치 ~인 것처럼' 전략의 실행법은 자기주장적인 행동이나 훈련하고 싶은 기술을 단계별로 구분하고, 목표를 달성할 때까지 차례로 실천하는 것이다.

제일 처음으로 할 일은 자기주장적인 행동을 여섯 가지 기본 사회적 기술로 나누는 것이다.

- '아니요'라고 말할 수 있는 능력
- 상대방의 '아니요'라는 대답을 수용하는 능력
- 부탁하고 요구하는 능력
- 긍정적/부정적 감정과 의견을 표현하는 능력
- 긍정적/부정적 감정과 의견을 존중하는 능력
- 대화를 시작하고, 유지하고, 마무리하는 능력

다음으로, 습득한 기술에 따라 자기주장성의 수준을 '전혀 그렇지 않다'부터 '약간 그렇다' '보통이다' '그렇다'까지 4개의 수준으로 구분한다.

- 그렇다: 모든 능력을 자주 발휘한다.
- 보통이다: 한두 가지 능력을 발휘하는 데 어려움이 있거나, 어떤 경우에는 자기주장성이 있지만 그렇지 않은 경우도 있다.
- 약간 그렇다: 3~5개 정도의 능력을 발휘하는 데 어려움이 있거나, 능력을 발휘할 수 있는 경우가 많지 않다.

- 전혀 그렇지 않다: 5개 이상의 능력을 발휘하는 데 어려움이 있거나, 능력을 발휘할 수 있는 경우가 거의 없다.

단계에 대한 정의를 확인했으니, 이제 각자 자신이 어느 수준에 속하는지 확인하고, 다음 방법을 실행한다.

첫째, 지금 당신이 어느 수준에 있는지 점검해 본다. 예를 들어, '약간 그렇다' 수준일 수도 있다.

둘째, 자신이 어려움을 느끼는 능력을 인식한다. 예컨대 '아니요'라고 말하기, '아니요'라는 대답을 받아들이기, 부탁하거나 요청하기, 부탁이나 요청을 거절하기, 긍정적·부정적 감정과 의견을 표현하기 등이 해당된다.

셋째, 그중 한두 가지 능력을 선택하고, 매일 실천할 구체적인 목표를 세운다. 목표는 2주 단위로 진행하는 것이 이상적이다. 예컨대

- 2주 동안 매일 한 번씩 어떤 요청에 '아니요'라고 말하기.

- 다음 2주 동안은 '아니요'라는 대답을 들을 때마다 자아 존중 권리를 떠올리고, 그 대답을 해석하는 시간을 갖기.

이러한 실천은 '아니요'라는 말을 들었을 때 상대방을 더 존중하고 이해하는 마음으로 내면의 대화를 나누기 위함이다.

이를 실천하기 위해 추천하는 방법은 매일 달성해야 하는 목표와 목표에 대한 감정이나 생각들을 적을 수 있는 작은 수첩, 혹은 목록을 마련하는 것이다.

넷째, 이렇게 2주를 보낸 뒤, 다음 2주 동안 같은 과정을 반복한다. 이전에 실행한 작업은 중단하지 않고 이어 가며, 점차 모든 능력을 섭렵해 간다.

이때 중요한 것은 목표를 달성하기 위해 작업하면서 느끼는 감정, 변화, 행동이 변하면서 떠오르는 생각들을 기록해 두는 것이다. 그렇게 하면 이후에 훈련이나 주의가 더 필요한 요인을 알아차리는 데 유용한 도구가 될 것이다.

다섯째, 모든 능력에 대해 이런 식으로 훈련하고 나면 이제 자신의 상태를 스스로 평가해야 한다. 이 단계에서 가장 힘든 부분은 통제하기 가장 힘든 감정과 관련된 것이며, 어떤 신념 때문에 그런 감정을 유지하고 있는 건지 자문해 보아야 한다.

여섯째, 자기 생각, 감정, 훈련 과정에서 발견한 어려움, 그로 인해 발생하는 갈등 등을 기록하며 행동을 유지한다. 이 작업은 행동 수준에서 인지 및 감정 수준으로 점차 나아가는 데 도움이 될 것이다. 먼저 자기주장적인 의사소통을 할 수 있고, 그런 다음 자기주장성 있는 사람이 되는 데 필요한 모든 측면을 전체적으로 훈련한다.

마인드맵 전략

자기주장적으로 그리고 무엇보다 효율적으로 경계를 설정하는데 유용하게 적용할 수 있는 개념이 두 가지가 있다. 바로 마인드맵 전략과 공감 전략이다.

마인드맵이라는 개념을 생각해 보자. 누구나 세계와 자기 자신 그리고 다른 사람에 대한 자기만의 마인드맵을 가지고 있다. 이는 유일하고 개인적이며 주관적이다. 마인드맵은 교육과 유전, 문화, 경험, 신념, 가치관, 환경, 기대, 성격, 문제의 사람이 겪는 감정 등에 기반한다. 이 점을 이해한다면 개인은 현실을 자기만의 방식으로 해석하고, 그에 따라 유일한 진실이 아닌 '자기만의 진실'을 구축한다는 사실을 받아들이게 된다.

그러니 당신이 생각하는 진실과 다른 진실을 옹호하는 사람과 의견이 엇갈리더라도, 이 전제를 기억하고 자기주장적 권리에 따라 행동하려는 태도는 큰 도움이 될 것이다. 특히 당신이 아끼는 사람들과의 관계에서 그렇다. 마찬가지로 당신 역시 다른 사람이 당신과 당신의 진실을 존중하도록 요구해야 한다.

누구나 자기만의 유일하고 주관적인 마인드맵을 가지고 있다는 사실을 받아들인다면, 거의 모든 사람이 저지르는 실수를 피할 수 있다. 그것은 다른 사람을 그가 원하는 방식이 아닌 당신이 원하는 방식으로 대하는 것이다. 여기서 공감의 개념을 살펴보자. 공감은 다른 사람의 입장에서 생각하고 자신이 다른 사람에게 받고 싶은 방식으로 상대방을 대하는 능력이라고 정의되곤 한다. 공감에 대한 이 정의에는 오류가 있다. 다른 사람의 입장에서 생각하지만, 다른 사람의 마인드맵이 아닌 당신 자신의 마인드맵을 유지하는 태도를 의미하기 때문이다. 그러니 이 개념은 별로 쓸모가 없다. **다른 사람의 입장에서 생각한다는 것은 필연적으로 그 사람의 마인드맵을 통해 세상을 본다는 의미여야 한다.** 그런 활동을 통해 진정한 공감 능력을 개발할 수 있을 것이다.

이 개념을 이해한다면 다른 사람과 관계를 맺을 때 크게 도움이 될 것이다. 당신과 상호작용하는 상대방의 마인드맵을 알 수 있다면 의사소통이 한결 수월해지고, 상대방의 논리와 행동을 판단하지 않고 그저 이해할 수 있게 되며, 상대방을 공격하는 게 아니라 이해하기 위해 경청하는 태도를 보이게 되고, 더 쉽게 합의에 도달할 수 있게 될 것이다.

그렇지만 나는 모든 사람에게 경계를 정하고자 하는 대상과 공감하기 위해 어마어마한 노력을 기울이라고 권하고 싶지는 않다. 대게의 경우 그저 경계를 존중하면 되고, 더 이상 설명하거나 이해하려고 노력하지 않아도 된다. 경계를 정하고 싶지 않은 사람은 그저 떠나면 되기 때문이다. 그러나 거리를 두기로 마음먹기 어려운 관계, 예를 들어 부모, 자녀, 친인척, 직장 동료 등에서는 자신의 경계를 설명할 때 상대의 사고방식, 특히 어린이와 청소년의 마인드맵을 고려하는 것이 매우 효과적이다.

다른 사람의 의도 분석하기

마인드맵이 무엇인지 알았다면 이제 상대방이 왜 그렇게 행동하는지 이해할 수 있으므로 이를 바탕으로 경계를 정한다.

누군가가 당신을 불편하게 했을 때 상대방의 의도를 고려하는 것은 중요한 문제다. 누군가가 우연히 당신의 발을 밟았을 때와 고의로 발을 밟았을 때 당신의 반응이 다르듯이, '우연히' 또는 '의도치 않게' 경계를 넘었을 때와 '의도적으로' 경계를 넘었을 때 반응 또한 다를 것이다.

누군가의 말이나 행동으로 당신이 불편함을 느낄 때 상대방의 마인드맵을 고려한다면 그가 왜 그렇게 행동했는지에 대해 가능한 이유를 찾고 의도를 파악하는 데 도움이 될 것이다.

콜롬비아인 친구가 날 만나기 위해 바르셀로나에 온 적이 있다. 바르셀로나에서 며칠 보낸 뒤, 나는 친구에게 북부 지역을 소개해 주고 싶어 여행을 떠났다. 도노스티아Donostia(산세바스티안의 바스크어 이름)에 도착해서 나는 그를 데리고 맥주를 마시러 갔고, 그곳에서 정말 멋진 바스크 사람들을 만났다. 친구는 강도들을 만났을 때 꾀를 써서 도망쳤던 일화를 그들에게 들려 주었다. 그러자 동석했던 바스크인 중 한 사람이 이렇게 말했다. "굉장한데! 젠장! 하하하!" 위기를 모면한 내 친구의 재치에 감탄한 그는 웃으며 그렇게 말한 것이다. 그러자 내 친구는 얼굴이 창백해지더니 믿을 수 없다는 듯이 나를 쳐다보면서 화난 듯한 목소리로 물었다. "지금 나한테 젠장이라고 한 거야?" 순간 나는 그 표현이 맥락상 무슨 뜻이었는지 친구에게 서둘러 설명해야 했다. 그 말을 한 바스크인은 강도를 만난 긴장된 상황에서 친구가 보인 민첩한 행동에 감탄해서 칭찬하려는 의도로 한 말이었다고 설명했다. 내 친구는 그 말을 자신의 마인드맵에 따라 그저 그런 평범하고 노골적인 욕설로 해석했다. 바스크인의 마인드맵을 고려하지 않은 것이다.

큰 싸움이 날 뻔한 사건이었다. 이처럼 의사소통에서 오해는 많은 싸움의 원인이 된다. 그러므로 대화 상대의 마인드맵을 안다면 많은 분쟁을 줄일 수 있고 상대방의 말이나 행동의 의도를 이해할 수 있다. 다시 말해 **상대방의 행동이나 말을 개인적인 것이 아니라 그가 세상을 바라보고 해석하는 방식의 결과로 받아들이게 되고, 또 상대방의 의도가 긍정적이냐 부정적이냐에 따라 당신의 반응을 조절할 수 있게 된다.**

11

경계의 설정과 협상에 효과적인 의사소통 전략

협상에서도 외교는 통한다.
외교란 당신이 원하는 바를 상대방이 하도록,
그것도 감사해하면서 하게 만드는 기술이다.

데일 카네기 Dale Carnegie*

---

* 미국의 작가, 강사(1888년 11월 24일~1955년 11월 1일)

자기주장성 이상의 것

인지행동 기술을 훈련하면 할수록 자기주장성 있게 자신을 표현하기가 점점 더 수월해질 것이다. 그러나 효과적으로 경계를 설정하는 데는 그것만으로 충분치 않다. 언어와 몸짓으로 신뢰, 단호함, 존중의 마음을 전할 수 있는 효과적인 의사소통 전략을 배워야 한다. 의사소통이 효과적으로 이루어지지 않는다면 당신의 관계는 더 악화할 것이다. 한 가지 예를 살펴보자.

소냐와 파울라는 한 회사의 영업팀에서 함께 일하며, 업무 특성상 근무 시간 동안 많은 대화를 나누어야 한다. 소냐는 매우 친근감 있고 다정한 성격으로, 누군가와 대화할 때 상대방과의 물리적인 거리가 매우 가까운 편이며, 신체적인 접촉도 마다하지 않는다. 그리고 때때로 자기도 모르게 상대방의 말을 끊고 자신의 의견을 표현하기도 한다. 반면에 파울라는 내성적이고 사려 깊으며 대화할 때 상대방과 일정한 거리를 유지하는 편이다. 이야기하면서 자기 몸을 건드리면 불쾌해하며, 누군가 자기 말을 끊으면 더 불쾌해한다.

소냐의 소통 방식 때문에 파울라는 점점 더 짜증이 나고, 심지어 출근할 때 불안해지기 시작했다.

그러던 어느 날, 파울라는 더는 참기가 힘들어졌다. 어느 심리학자의 블로그에서 경계 설정은 필요한 것이며 결과가 매우 긍정적일 거라는 글을 읽게 된 파울라는 소냐에게 자기 생각을 말해야겠다고 생각했다. 소냐의 대화 방식이 불편하며 대화할 때 팔을 만지면 화가 나고 자기 말을 끊는 건 예의가 아닌 것 같다고 말이다.

파울라가 자기주장성 있게 경계를 긋고자 한 것은 사실이다. 소냐를 무시하거나 함부로 판단하지도 않았다. 그저 개인적으로 자신의 불만을 표현하고자 했다. 그런데 추측건대, 파울라가 자신의 그런 생각을 소냐에게 전하면 두 사람 사이에 긴장감이 조성될 게 뻔했다. 그렇게 되면 예전처럼 물 흐르듯 자연스럽게 좋은 동료 관계를 유지하기 힘들어질 것이었다. 결론적으로 말하면 파울라가 정한 경계는 자기주장적일지는 모르나 효과적이라 말하기는 힘들다.

자신의 감정이나 생각을 자기주장성 있게 효과적으로 전달하는 방법을 모르면 어쩔 수 없이 불친절하거나 무례해질 수 있다. 그렇게 되면 당신은 무례한 사람이 되지 않으려고 침묵하거나 자기감정을 억누르려 하거나, 그냥 떠오르는 대로 감정이나 생각을 전달하게 될 수도 있다. 그런데 감정 표현을 억제하면 그 강도가 감소하기는커녕 오히려 더 강해져서 대뇌변연계가 과도하게 활성화된다. 그렇게 되면 정신적으로 과도한 부담을 느껴 압력솥처럼 폭발하거나 분노나 불안에 휩싸이거나 몸과 마음에 이상 신호가 나타날 수도 있다. 또한 그냥 떠오르는 대로 의사소통하는데 그 방식이 자기주장적이지 않다면, 그것은 서로에게 해가 되고 관계를 악화시킬 수 있다.

어느 쪽도 긍정적인 선택지가 될 수 없다는 것은 명백하다. 자기주장성 공식, 효과적인 의사소통 전략, 비언어적 의사소통 비결을 잘 활용하면 호의와 존중을 바탕으로 경계를 그을 수 있을 것이며, 이는 더 큰 동의를 끌어낼 것이다. 호의와 존중 그리고 단호하고 차분한 비언어적 의사소통은 이러한 설득 기술의 핵심 요소이므로, 이들을 제대로 활용하고 싶다면 꼭 기억해 두어야 한다.

앞으로 이어지는 내용에서는 의사소통 전문가, 언어학자, 심리학자들이 개발한 가장 효과적인 의사소통 전략 중 일부를 살펴보자.

비언어적 의사소통

비언어적 의사소통은 우리가 전달하는 정보의 65~80%를 차지한다. 우리는 말보다 몸짓과 표정으로 더 많은 것을 표현한다는 뜻이다. 당신이 하는 그리고 하지 않는 모든 일은 당신에 대한 정보를 준다. 기분 상태, 감정, 성격, 태도, 동기, 선호도, 승낙한 일, 거절한 일 등등. 자존감도 예외는 아니다. 언어적인 의사소통은 중단에서 끊을 수 있지만, 비언어적인 채널을 통해 자신을 표현하는 것, 즉 시선이나 신체 자세, 손짓, 표정, 움직이는 속도 등등은 끊어지지 않고 계속 이어진다. 비언어적 의사소통을 통해 자신의 수많은 면을 표현하기도 하지만 다른 사람의 행동, 태도, 기분을 자극하기도 한다.

한번은 긴 여행을 떠났다가 별의별 일을 다 겪고 완전히 지쳐 집으로 돌아온 적이 있다. 휴대폰 케이스에 기차표를 넣어 두었는데 휴대폰을 소매치기당하는 바람에 표를 잃어버렸다. 표를 다시 사야 하는 일이 번거롭기도 했지만, 가격까지 더 비싸서 기분이 좋지 않았다. 작은 소동 덕분에 출발 시간이 예상보다 훨씬 더 늦어졌고, 그걸로도 모자라 목적지로 가는 길이 산사태로 몇 시간 동안 폐쇄되어 도착 시간마저 한참 지연되었다.

 정말 거지 같은 기분으로 밤늦게서야 목적지에 도착한 나는 버스에서 내리자마자 바로 보이는 여관에 들어갔다. 다음 날까지 침대에 묻혀 자고 싶은 생각밖에 없었다. 나는 진절머리 난다는 듯한 표정으로 여관에 들어가 예의라고는 전혀 배워 본 적 없는 사람 같은 태도로 차갑고 무례하게 말을 내뱉었다. "여기, 방 하나 주세요" 그런데 그날 여관의 프런트에서 날 응대해 준 직원의 태도는 나와는 사뭇 달랐다. 그는 그동안 내가 만나 본 사람 중 가장 친절한 사람 중 한 명이었다. 호르헤라는 이름을 가진 그 직원은 내가 자기를 대한 태도와는 상관없이, 제대로 준비된 자세로 나를 맞았다. 따뜻한 미소와 상냥한 목소리, 친절함이 넘쳐흐르는 태도까지. 그가 나의 예약을 처리하는 데 걸린 짧은 시간 동안 내 기분은 완전히 바뀌었다. 그의 긍정적인 태도가 나에게 전염되어 내 기분이 눈에 띄게 좋아지기까지 걸린 시간은 오 분이면 충분했다. 그리고 당연한 이야기지만 그 시간 이후로 내가 호르헤나 거기 있는 다른 사람들을 대하는 태도도 한결 부드러워졌다. 그래서 다음 날, 숙박 요금이 잘못 계산되었다는 걸 깨달았을 때도 나는 다른 사람들보다 더 관대한 태도로 반응할 수 있었다.

 이처럼 비언어적 방식으로만 표현될 수 있는 호의와 신뢰를 전하는 사람들은 그 따뜻한 에너지가 부메랑이 되어 다시 자신에게 돌아오게 하는 힘을 지녔다.

호의와 신뢰, 호감을 전달하는 비언어적 의사소통 방식은 우리 삶의 많은 순간에 매우 유용하게 쓰일 수 있겠지만, 안타깝게도 늘 그런 건 아니다. 위엄, 단호함, 권위 등 다른 유형의 비언어적 메시지를 전달해야 할 때도 있다.

경계를 효과적으로 전달하려면, 언제·어떻게·어떤 방식으로 자신의 의사를 표현할지 분명히 알아야 한다. 언어적 표현과 비언어적 신호가 서로 어긋날 경우, 더 강하게 작용하는 것은 대체로 비언어적 신호다.

그러므로 경계에 대해서 의사소통할 때, 언어적 메시지가 아무리 명확하더라도 확신, 단호함, 신뢰성 그리고 권위를 전달하는 비언어적 의사소통으로 이를 뒷받침하지 않는다면 상대방에게 공감을 얻기 힘들 것이다. 입으로는 "나를 존중하지 않는 당신의 태도를 참지 않을 거예요"라고 말하면서 자세는 구부정하고, 목소리는 떨리고, 상대방의 시선을 피하면서 들리지도 않을 만큼 작은 목소리로 말한다면, 상대방은 당신의 말을 진지하게 받아들이지 않을 것이다.

그런 태도라면 당신의 말은 "당신이 나를 계속 함부로 대한다고 해도, 아무 일 없을 거예요. 왜냐면 나는 당신이 나에 대해 어떻게 생각하는지 겁이 나고, 나 자신이 존중받을 자격이 없다고 생각하기 때문이에요"라는 뜻으로 받아들여질 것이다. 언어적 메시지가 비언어적 메시지와 일치하지 않을 때 사람들은 비언어적 메시지를 믿게 된다. 그래서 존중받길 요구하려면 존중을 전달하는 방법을 알아야 한다. 신뢰를 얻고 싶다면 신뢰를 전달하는 방법을 알아야 하고, 신망을 얻고 싶다면 신념을 전달하는 방법을 알아야 한다.

앞으로 설명할 각각의 전략에서는 언어로 전달하고자 하는 내용을 뒷받침할 적절한 비언어적 표현의 사용법을 제시하고자 한다.

적극적으로 듣기

원활한 의사소통을 하려면 먼저 잘 듣는 사람이 되어야 한다. 대화 상대자와 경계에 대해 협상하고 유용한 합의에 이를 수 있으려면 무엇보다 먼저 잘 들을 줄 알아야 하며 그 이유는 다음과 같다.

- 다른 사람의 동기를 이해한다.
- 다른 사람의 마인드맵을 파악한다.
- 대화 상대의 마인드맵에 있는 정보와 가치관을 참고로 자기의 주장을 구축하여 상대가 더 쉽게 이해할 수 있도록 한다.
- 대화 상대가 당신의 동기를 이해할 수 있도록 그의 감정적, 인지적 소질을 자극한다.

대화 상대가 자신을 이해하려 하거나 반응하려는 의도로 경청하고 있다고 느끼면, 감정 체계와 사회적 행동을 조절하는 뇌의 구조는 당신을 차분하고 자신감 있으며 정신적으로 열린 상태로 유지해 준다. 이는 갈등이 무엇이든 상관없이 합의와 해결에 도달하는 데 꼭 필요한 조건이다. 그러나 이와는 반대로 상대방이 당신에게 주의를 기울이지 않고, 당신을 이해하려고 하지는 않으면서 자기주장만 고집하려는 게 느껴지면, 당신은 방어적이고 심한 경우 공격적인 태도를 취하게 된다. 상황이 이렇게 되면 더는 합의에 이르지 못하고 각자가 자기 입장만을 필사적으로 옹호하려 들 것이고, 해결책을 찾겠다는 대화의 목적은 온데간데없이 서로 자기 말이 옳다고 주장하기 바쁠 것이다. 이렇게 되면 결국 경계 협상과 합의 구축 과정은 완전히 차단되고 만다.

적극적으로 경청하는 태도를 신경 심리학에서는 인지적 유연성이라고 부른다. 인지적 유연성은 상황을 습관화된 사고가 아닌 다른 관점에서 바라보고 환경 변화에 빠르게 적응하게 해주는 뇌의 복잡한 능력 중 하나이다. 다시 말해, 인지적 유연성이 있는 사람은 인생과 생존에 필요한 요소들에 큰 어려움 없이 적응할 수 있다. 이는 찰스 다윈이 종의 진화 이론에서 설명한 '적응 능력'을 심리학적 영역으로 확장해 적용한 개념이라 할 수 있다.

그런데 이 능력은 비단 경계 협상 시에만 유용한 것이 아니다. 개인의 인지적 유연성이 높을수록 어떤 상황에서든 창의적이고 독창적으로 추론할 수 있는 능력이 향상되며, 이로 인해 삶의 어떤 영역에서든 빠르고 효과적으로 문제를 해결할 수 있게 된다.

정신적으로 유연한 사람은 삶에서 만나는 모든 예측하기 힘든 문제들 때문에 힘들어하거나 일상생활에서 일어나는 사소한 문제들에 영향을 받지 않고 해결책을 찾는다. 이런 유형의 사람이 될 수 있는 가장 좋은 방법의 하나는 대화 상대의 말, 특히 당신과 정반대의 입장인 사람의 의견을 비난하지 않고 적극적으로 경청하는 것이다.

무전기 전략

이렇듯 단순한 것이 적극적인 경청 전략인데 사람들이 왜 그렇게 어려워하는지 사실 이해하기 어렵다. 적극적인 경청은 그저 침묵하고 듣기만 하면 되는 것이다. 그래도 필요하다면 적극적인 경청 전략을 보다 쉽게 해 줄 다른 전략을 활용해 볼 수 있다. 무전기 사용법과 같은 방식으로 소통하는 것이다. 이 방식의 핵심은 의사소통이 실패하는 주요 원인, 즉 상대의 말을 가로채어 중단시키지 못하게 하는 것이다.

무전기 전략을 수행하는 방식은 다음과 같다.

대화하는 두 사람 사이에 한 사람이 말할 때 다른 사람은 조용히 상대의 이야기를 들으며 대화 내용을 이해하려고 노력한다. 상대의 말이 끝날 때까지 다른 사람은 말을 할 수 없다. 무전기로 통신을 주고받을 때 상대방이 말하는 중에 송신 버튼을 눌러 버리면 알아야 할 정보를 모두 다 수신할 수 없는 것과 같은 이치다.

한 사람이 말을 마치면 상대방이 정말로 말을 끝냈는지 확인하고, 동시에 급하게 반격하기보다는 상대방의 메시지를 신중하게 고려하고 있다는 것을 보여 주기 위한 차원에서 잠시 멈춘 뒤 대답한다.

그리고 나면 이제 당신이 말할 차례다. 그리고 상대방은 적극적으로 당신의 말을 듣는다. 더 이상 다른 비결은 필요 없다.

바꾸어 말하기

상대방의 말하기가 끝나면 제대로 이해한 것이 맞는지 확인하기 위해 주요 개념을 알기 쉽게 바꾸어 말하면서 질문할 수 있다. 예컨대, "내가 제대로 이해한 게 맞다면…(이해한 개념을 설명) 맞나요?"라고 질문하는 식이다. 이렇게 하면 상대방의 메시지를 잘 이해했는지 확인할 수 있을 뿐만 아니라 당신이 상대방의 말을 주의 깊게 듣고 있다는 것을 보여 줄 수 있어 상대방의 태도도 더 차분하고 안정될 것이다.

거짓말 탐지기

적극적으로 듣기 전략의 가장 큰 장점 중 하나는 언어적 신호와 비언어적 신호가 일치하지 않는 부분을 더 잘 알아차리게 된다는 것이다. 다시 말해 인간 거짓말 탐지기가 된다. 누군가가 진실을 말하지 않는다고 의심될 때, 그 사람과 아무 말도 하지 않고 3초 정도 눈을 맞추고 있으면 그의 본색이 드러날 것이다. 만약 거짓말을 했다면, 그는 부연 설명하기 시작하거나, 다른 이야기를 하거나, 불안해하기 시작할 것이다.

적극적으로 듣기에서 비언어적 언어소통

- 눈 마주치기: 당신에게 말하고 있는데 다른 곳을 바라보는 것만큼 무관심한 태도가 없다. 그러니 대화 상대방의 눈을 바라봐야 한다. 그것은 상대방의 이야기에 주의를 기울이기 위해서일 뿐만 아니라 상대방에게 당신이 주의를 집중하고 있다는 것을 보여 주기 위해서이기도 한다.

부적절한 태도

적절한 태도

'나 전달법'

내 생각에는 ~
+ 당신이 ~
+ 당신이 ~ 해 줄 수 있나요?

- 상대방을 향해 똑바로 선 자세: 등을 곧게 펴고 몸을 상대방 쪽으로 향하면 상대방이 하는 말에 주의를 기울이고 있다는 것을 나타낼 수 있다.
- 다리와 발이 상대방을 향해 있으면 대화에 관심이 있다는 표현이 될 수 있다. 그런데 상대가 아닌 어딘가, 특히 출구를 향해 있으면 불편하다거나 자리를 뜨고 싶다는 표현이 될 수 있다.

 화를 표현할 때 우리가 가장 많이 범하는 우는 화가 난 이유에 대해 상대방을 탓하는 것이다. 이러한 실수의 결과는 매우 즉각적으로 나타난다. 즉 상대방이 방어적인 태도를 보이게 된다. 이렇게 되면 의사소통이 실패할 것은 불 보듯 뻔하다. 해결책을 찾기 위해 같은 방향으로 노를 젓는 것이 아니라 각자 자기가 옳다고 생각하는 방향으로 노를 젓는 꼴이다.
 이런 뻔한 실수를 저지르지 않으려면 새로운 전략을 활용해야 한다. 바로 '너 전달법'을 '나 전달법'으로 바꾸고 해결책을 제안하는 전략이다. 이 전략은 경계를 긋거나 누군가에게 행동 변화를 요구할 때 매우 효과적이다. 이런 방식으로 대화를 나누면 상대방에게 자신을 방어해야 한다고 느끼게 하기보다 변화를 시도해 보겠다는 필요를 느끼도록 장려할 수 있기 때문이다. 태도를 진정으로 변화시키고 그 변화를 오랫동안 유지할 수 있는 유일한 방법이기도 하다. 강요, 위협, 협박은 효과적이지 않다.

'너 전달법'은 행동을 수행하는 사람에게 초점을 맞추고, 우리가 느끼는 감정에 대한 책임을 그 사람에게 지우는 방식으로 구성된다. 이 화법은 행동 그 자체보다는 행동한 사람을 판단, 비판, 비난하는 메시지를 내포한다. 그리하여 죄책감이나 모욕, 과소평가 등의 감정을 불러일으키거나, 메시지가 향하는 사람의 자아 개념이나 자존감을 위협하는 감정을 유발한다. 이런 상황에서 행동한 사람은 어쩔 수 없이 방어적인 자세를 취하고, 자신의 행동을 정당화하며, 반격하고, 자신의 태도를 고수하려 할 것이다. 그리고 이러한 효과는 '항상~', 또는 '절대~'와 같은 단정적인 단어를 써서 일반화하려고 하면 더 강화된다. '너 전달법'을 많이 사용하면 할수록, 대화는 성공 가능성 없는 논쟁으로 끝날 가능성이 커진다.

반면에 '나 전달법'은 자기 자신에게 초점을 맞추며, 어떤 행동에 대해 자신이 느끼거나 생각하는 바를 솔직하게 표현하는 것을 기본 전제로 한다. 이 화법은 행동 자체에 관한 것이지 행동을 수행하는 사람에 관한 것이 아니다. 행동을 저지른 사람을 언급하지 않고 사실에 대해서만 말한다면 행위자는 메시지를 자신에 대한 판단, 비난, 비판으로 해석하지 않을 것이다. 그리고 이러한 이유로 반격하거나 자신의 행동을 정당화하지 않을 것이고, 자존감이나 자아 개념을 지키기 위해서라면 자신의 행동을 변화시키는 것을 거부하지 않을 것이다.

'나 전달법'에는 '나는 ~라고 느낀다' '나는 ~라고 생각한다' '내 의견은 ~이다' 등의 표현이 있다. 이러한 표현 공식을 사용하면 절대적으로 주관적인 관점에서 말하게 된다. 결론 내리지 않고, 판단하지 않으며, 자신의 관점을 절대적 진실이라고 남에게 강요하지도 않는다. 그렇지만 사실에 대해 어떤 감정을 느끼고 있는지 열린 자세로 진솔하게 표현할 수 있다. 그러니 '나 전달법'은 매우 영향력 있고, 설득력이 있어 대화 상대가 당신을 더 잘 이해하고, 더 쉽게 합의에 도달하고, 행동을 바꾸도록 동기를 부여할 수 있다.

'나 전달법' 방정식의 세 번째 요소는 해결책을 제안하거나 당신이 원하는 것을 표현하는 것이다. 메시지의 예를 보자.

- 전에 너에게 말했던 중요한 일을 기억하지 못하니 나는 슬퍼. 내가 걱정하는 일들에 관해 이야기할 때 조금 더 귀 기울여줬으면 좋겠어.

- 내가 어떻게 느꼈을지 네가 미처 생각하지 못한 것 같아. 다음에 네가 그런 상황에 처하게 된다면 내가 어떤 기분이 들었을지 생각해 봐 줄 수 있니?
- 네가 나에게 그런 식으로 말하니 건방져 보여서 마음이 아프구나. 조금만 덜 거들먹거리는 톤으로 말해 줄 수 있겠니?
- 내가 말하고 있는데 당신이 휴대폰을 보고 있으면 무시당하는 기분이에요. 우리가 대화하는 동안에는 휴대폰을 잠시 다른 데 둘 수 있나요?
- 당신이 나에게 그렇게 행동하면 나는 존중받지 못한다는 느낌이 들어요. 다시는 그러지 말았으면 좋겠어요.

'나 전달법'을 사용하여 자신이 필요로 하는 것을 표현하면 상대는 그것을 강요가 아닌 기분이 나아지도록 도와달라는 요청으로 받아들인다. 사람은 강요받는다고 느끼면 반발감을 느끼기 쉽다. 대신 도움을 요청받으면, 자신의 행동을 바꾸려는 의지가 솟구치는데, 이것이 바로 '나 전달법'의 핵심이다.

	너 전달법	나 전달법
목적	상대방에게 초점을 맞춘다.	자기 자신에게 초점을 맞춘다.
행동	자기감정에 대해 다른 사람에게 책임을 지운다.	다른 사람의 행동이 자신에게 미치는 영향에 관해 이야기한다.
전달하는 내용	판단·비난·비판·선고·강요	어떤 상황이나 행동에 대해 자기감정을 솔직하게 표현하고 꾸미지 않는다.
발생하는 감정과 필요성	죄책감·모욕감·과소평가 자존감과 자아 개념 위협 …등의 감정을 느낌	자기 평가·자기 성찰·자체 검토 다른 사람을 도와주기 …등이 필요함
결과	반격, 정당화, 변화에 저항하며 자신을 방어해야 한다고 생각한다.	변화에 대해 열린 자세 저항 감소·의견 일치
예시	너는 내 말을 절대 듣지 않아. → 전에 너에게 말했던 중요한 일을 기억하지 못하니 나는 슬퍼. 넌 다른 사람의 일은 고려하지 않는 사람이야. → 내가 어떻게 느꼈을지 네가 미처 생각하지 못한 것 같아. 너는 거만하구나. → 네가 나에게 그런 식으로 말하니 건방져 보여서 마음이 아프구나. 넌 날 실망하게 해. → 네가 그런 식으로 행동하니 실망스럽구나. 너는 무례해. 내가 말할 땐 휴대폰 보지 마. → 내가 말하고 있는데 네가 휴대폰 보면 무시당하는 기분이 들어. 너는 예의 없는 사람이야. → 네가 나에게 그렇게 행동하면 나는 존중받지 못한다는 느낌이 들어.	

자기주장적인 비언어적 의사소통

비언어적이면서도 대다수 경우에 사용하는 가장 자기주장적인 비언어적 의사소통 방법의 구성 요소는 다음과 같다.

- 고개를 똑바로 세운다. 고개를 한쪽으로 기울이지 않는다는 게 중요하다. 고개를 기울이면 더 부드럽고 붙임성 좋아 보여서 장난할 때나 상대방을 유혹할 때 취하는 행동이기 때문이다. 그러니 경계를 정해야 할 땐 이런 행동을 삼가야 한다. 신뢰성과 권위가 없어 보일 수 있다.
- 눈을 맞추어야 한다. 그리고 상대방의 시선을 외면하지 않는다. 시간은 6~7초를 넘지 않는다. 너무 길어지면 공격적인 시선이 될 수도 있다.
- 중간 정도의 톤으로 단호하면서도 차분한 목소리로 말하는 것이 좋다. 솔직하지만 공격적이거나 수줍어하지 않고 자신의 감정을 표현한다.
- 언어적 메시지에 권위를 부여해야 할 경우, 평소보다 약간 낮은 톤으로 말하는 것이 좋다. 낮은 톤은 높은 톤보다 더 신뢰 있고 권위적으로 들리기 때문이다.

- 열린 자세를 유지해야 한다. 열린 자세란 가슴, 목, 복부 등 취약한 신체 부위를 노출하는 자세를 말한다. 이 자세는 나와 상대방에 대한 신뢰를 표현한다. 말하자면 '나는 당신이 날 공격하지 않으리란 걸 알 만큼 당신을 믿어요. 그리고 당신이 나를 공격하더라도 재빨리 대응하고 나 자신을 방어할 수 있을 만큼 나 자신을 믿어요'라고 말하는 것과 같다. 그러니 이런 자세로 의사소통한다면 양쪽 모두 긍정적인 메시지를 전달할 수 있으며, 모순되지 않으면서도 부정적인 언어적 메시지를 중화하는 데 도움이 된다.
- 열린 자세를 유지하려면 다리는 약간 벌리고, 고개는 세우고, 등은 곧게 펴고, 어깨는 가볍게 뒤로 젖힌다. 목에 손수건이나 스카프를 두르지 않고 셔츠의 제일 첫 번째 단추를 푸는 것도 긍정적인 메시지를 전달하는 데 도움이 된다.
- 마지막으로, 손은 자연스럽고 유기적으로 움직이고 가끔 손바닥을 보여 주는 것은 말하는 내용을 강조하고 안전성과 신뢰를 전달할 수 있다.

이런 비언어적 측면의 총체를 '기본적인 자기주장적 비언어적 의사소통'이라고 하고, 이는 자기주장적이고 비폭력적인 동시에 효과적인 의사소통을 가능하게 해서 앞으로 설명할 대부분의 언어적 전략과 함께 사용할 것이다.

비언어적 의사소통의 어떤 요소가 명확하게 표현되지 않는 한, 이것을 가장 바람직한 공식으로 삼아야 한다. 그렇지만 맥락에 따라 더 단호하게 메시지를 전달해야 하거나 신체를 이용하여 메시지를 전달하고 싶지 않을 때는, 당신이 전달하고 싶은 것과 전달해야 하는 것을 구분하여 어떤 요소를 바꾸어 적용해야 할지 구체적으로 정해야 한다.

수동태 사용하기

표현에 수동태를 사용하면 행동을 수행하는 사람이 생략된다. 그러면 사실상 책임을 져야 할 사람이 없으며, 메시지 또한 개인적인 공격이나 직접적인 명령처럼 전달되지 않는다. 예컨대 "여섯 시 전까지 보고서를 마쳐야 해"라고 말하는 대신 "이 보고서는 여섯 시 전까지 마쳐져야 해"라고 말한다. 후자는 전자보다 훨씬 더 친절하게 해석될 수 있다.

"그래서 내가 얻는 건 뭐야?"

마침내 마인드맵 기술을 터득하면 이제 상대방의 동기나 관심을 유추할 수 있고, 이를 바탕으로 경계를 긋고 상대방에게 어떤 이점이 있는지 이야기해 줄 수 있다.

이 전략은 풍부한 감성 지능과 공감 능력이 있어야만 수행할 수 있으며, 실제 의사소통 시 가장 효과적이고 설득력 있는 기술 중 하나이다. 예를 들어 보자. 어느 일요일 오후, 어머니가 예고도 없이 당신의 집을 방문했다. 어머니는 만약을 대비해 당신에게 받아 둔 여분의 키로 문을 열고 들어오셨다. 당신은 어머니의 이런 행동이 불편할 것이다. 일종의 사생활 침해이며 당신을 존중하지 않는다고 느껴질 것이기 때문이다.

그 순간 당신은 이렇게 말할 수 있다.

"예고도 없이 찾아오시니 불편해요. 제 사생활을 존중하지 않으시는 것 같아요."

물론 이 말은 자기주장적인 태도를 드러내지만, 이렇게 표현해 보면 어떨까?

"엄마, 우리 집에 오실 때는 먼저 저에게 알려 주셨으면 좋겠어요. 그래야 친구들과 약속을 잡지 않고 엄마랑 함께 시간을 보낼 수 있잖아요. 그리고 안토니오가 있을 때 오시면 제가 좀 당황스러울 것 같아요. 아마 엄마도 그런 상황이 닥치면 불편하실 거예요. 그러니까 다음부터는 오시기 전에 꼭 먼저 말씀해 주세요."

결론적으로, 당신이 정한 경계가 어떤 이로움을 주는지를 가능하다면 매번 상대방에게 알려 주는 것은 매우 설득력 있는 전략이 될 것이다.

인정하기

"너의 (상대방의 권리나 요구)를 이해해."
+ "그런데 나는 (당신의 권리나 요구)…."
+ "너는 (해결책) 할 수 있을 거야."

나 전달법을 사용하여 의사소통하더라도 상대방이 자신의 태도를 고수하거나 변화할 의지 없이 자신의 행동을 정당화하려고만 할 수도 있다. 그런데 당신의 권리를 침해하지 않는 한, 그런 태도는 법에 저촉되지도 않고 존중받아 마땅하다. 자기 의견과 욕구를 표현하고 그에 따라 행동하는 것이 정당한 것과 같은 이치다.

이런 상황에서도 포기하지 않고 계속 협상하고 싶다면, '인정하기' 기술을 사용할 수 있다. 이 기술은 친절하고 건설적인 어조로 대화를 이어 가며, 두 사람 사이의 견해 차이를 좁히고 합의에 도달하도록 돕는다.

이를 실천하려면 먼저 상대방과 자신의 권리, 욕구를 이해하고 존중한다는 점을 표현해야 한다. 동시에 양쪽 모두가 만족할 수 있는 해결 방안을 제시하는 것이 중요하다. 상대방은 존중받고 인정받는다고 느낄 때 자신의 동기를 다시 생각하게 된다. 그러면 당신의 동기도 받아들이려는 태도가 생기고, 서로의 입장이 동등한 무게를 가진다는 인식을 하게 된다. 그 결과 상대는 이전보다 더 유연한 태도를 보일 가능성이 높아진다.

휴대폰에 관한 갈등 상황을 예로 들어 보자.

- 나 전달법+해결 방안 제시: "내가 말하고 있는데 당신이 휴대폰을 보면 무시당하는 기분이야. 우리가 대화하는 동안에는 휴대폰을 잠시 다른 데 둘 수 있어?"

- 행동을 고치려 하지 않고 정당화하는 반응: "그게… 친구 클라우디아에게 엄청 중요한 문자를 보내는 거였어."

인정하기

1. 다른 사람의 필요나 권리 인정하기: "마르타, 네가 친구의 문자에 빨리 답해 주어야 한다는 걸 알아…"
2. 자신의 필요나 권리 인정하기: "그런데 너에게 중요한 일을 나에게 이야기할 때 내가 너에게 그런 것처럼, 나에게도 네가 내 이야기를 들어 주고 존중해 줄 권리가 있어."
3. 해결 방안 제시: "그러니 친구들에게 문자를 보내는 것이 정말 급한 일이면, 나와 지금 당장 이야기할 수 없다고 나에게 말해 주고, 온전히 나에게만 시간을 쓸 수 있을 때 알려 주면 좋겠어."

다른 예

"무슨 말인지 알겠어. 그리고 네 말이 맞아. 그런데 내 일자리가 걸린 일이니 네가 요청한 대로 할 수 없어."

"오늘 저녁 식사 계획이 있다는 걸 알겠어. 그런데 나는 지금까지 아무 말도 듣지 못했고, 너무 피곤해서 외출할 수가 없어."

"네가 시간이 없다는 건 알겠어. 그런데 일주일 전에 내 필기 노트를 돌려주기로 약속했잖아. 나는 지금 노트가 필요해."

그런데 만약 이 전략도 통하지 않는다면, 이제 '튀는 레코드판' 기술을 적용할 때다. 튀는 레코드판 기술은 다음 장에서 설명하겠다. 단, 단호하지만 공격적이지 않은 어조는 계속 유지해야 한다.

12

'아니요'라고
말하기 전략

내가 마흔이 넘어서야 깨달은 가장 중요한 사실은
아닌 건 아니라고 말할 줄 알아야 한다는 것이다.

가브리엘 가르시아 마르케스 Gabriel García Márquez*

* 콜롬비아의 작가(1927년 3월 6일~2014년 4월 17일)

'예'라고 말하지 않을 자유

'아니요'라고 말하기가 힘들어지면, 당신은 너무 많은 일에 시간, 노력, 돈, 에너지를 투자해 버린 탓에 결국 스트레스를 받고 괴로워하게 된다. 모든 것을 아우르려 하는 것은 아무것도 하지 않는 것과 다를 바 없다. 효과적이지 않을뿐더러 실용적이지도 않은데 괴롭기만 하고 극심한 절망에 빠지게 될 것이다. 시간이 충분치 않다고 느끼거나 하고 싶은 일이 너무 많은데 시간은 속절없이 흘러도 시간을 내지 못할 때가 있다. 그럴 때는 정말로 원하는 일, 자신에게 중요한 일에 시간을 쓰고 있는지 자문해 보아야 한다.

스페인의 위대한 작가이자 경제학자이며 인본주의 사상가인 호세 루이스 삼페드로José Luis Sampedro는 언젠가 이런 말을 남겼다. "시간은 금이 아니다. 금은 가치가 없으니까. 시간은 인생이다." 자신에게 최우선이 아닌 일에 시간을 쓰는 것은 중요하지 않은 문제에 삶을 바치는 것과 같다. 중요하지 않은 일을 하는 것은 당신의 인생을 허비하는 행위이며, 당신의 인생을 허비하는 것은 행복해질 유일한 기회를 저버리는 것과 같다.

시간은 가버릴 뿐 회복할 수 없고 돌아오지 않으며 유한하다. 시간은 누구에게나 끝이 있으므로, 마지막 숨을 거둘 때 살아 볼 만했다고 느낄 수 있도록 최선을 다하겠다는 다짐을 스스로 해야 한다. 그러니 '예'라고 해야 할 때와 '아니요'라고 해야 할 때를 구분할 수 있어야 한다.

품위 있고 자기주장적으로 거절하는 전략을 배우기 전에 자기 삶에서 우선 사항은 무엇이며, 실제로 그것을 고려하며 살고 있는지 되돌아볼 필요가 있다.

어떤 사람과 있을 때 그리고 어떤 활동을 할 때 자기 자신에 대해 좋은 기분을 느끼는가?

당신의 영혼과 정신 건강에 도움이 되는 것은 무엇인가?

당신의 목표는 무엇인가? 목표에 다가가게 하는 것은 무엇이며, 목표에서 멀어지게 하는 것은 무엇인가?

하고는 싶은데 도무지 할애할 수 없는 일은 무엇인가?

중요하지 않은 일을 하느라 중요한 일에 할애하지 못하는 시간은 얼마나 되나?

당신이 시간을 관리하는 방식이 사랑하는 사람들과의 관계에 영향을 미치는가?

'예'라고 말할 때와 '아니요'라고 말할 때 발생하는 영향에 대해 생각해 보면, 일상에서 내리는 작은 결정이 얼마나 중요한

지 새삼 깨닫게 된다. '이렇게 생각하면 사람들이 뭐라고 할까?' '나쁜 인상을 주고 싶지 않아' '날 무례하다고 생각할 거야' 등의 이유로 결정을 내리는 것이 얼마나 중대한 잘못인지 자동으로 알게 된다. 실제로 당신이 자신에게 중요한 것에서 점점 멀어지는 삶을 살고 있다면, 사람들의 시선이나 평가를 고려해 결정을 내리는 것은 결코 당신을 행복하게 해 주지 못할 것이다.

이처럼 깊은 성찰 끝에 '아니요'라고 말할 줄 아는 것의 중요성을 깨닫게 되더라도 아무런 죄책감 없이 실행으로 옮기는 것은 마치 쾌적한 설비를 갖춘 안전지대를 스스로 떠나기로 하는 것처럼 힘든 일일 것이다.

순한 양처럼 굴면 굴수록 거절하는 것에 익숙해지기가 힘들어지리란 걸 알아야 한다. 한편으로는 더 강하게 느껴질 죄책감 때문에 그렇고, 다른 한편으로는 늘 '예'라는 대답을 듣는 데 익숙해진 사람들이 더 심한 거부감을 느낄 것이기 때문이다. 계속해서 설명할 전략은 물론 실행하기 힘들지만, 잘 활용한다면 좋은 도구가 될 것이다.

부가 설명 없이 '아니요'라고 말하기

별다른 설명 없이 '아니요'라고 대답하기는 실행하기 가장 어려운 전략 중에 하나다. 왜 할 수 없는지, 왜 하기 싫은지 그 이유를 설명하지 않으면 버릇없다거나 무례한 사람이라는 소리를 듣기 십상이다. 그런데 앞서 언급한 것처럼, 이런 신념은 이중 오류다. 하기 싫다거나 할 수 없다는 것이 거절할 충분한 이유가 되지 않는다고 생각하기 때문에 욕구나 감정이 완전히 무시되는 것이다. 또 거절하는 데 대해서 어떤 설명을 하게 되면 사람들은 계속해서 이유를 궁금해하거나 대안을 찾아 본인의 주장을 고집하게 될 것이기 때문이다. 거절에 대한 추가 설명이 없을 때는 의문을 가지지 말아야 한다는 걸 잊지 말자. 무언가를 결정할 때 우리가 근거로 삼아야 하는 것은 오직 그것을 받아들이길 원하느냐, 원하지 않느냐는 것뿐이다.

'아니요'라고 대답하거나 '아니요'라는 대답을 듣는 행위의 의미를 새롭게 정의할 필요가 있다. 솔직하게 '아니요'라고 대답하는 행위는 당신이 불필요한 변명을 늘어놓지 않고 솔직하게 원하는 것을 표현할 수 있을 정도로 상대방을 신뢰한다는 의미다.

같은 맥락으로, 누군가가 당신에게 '아니요'라고 대답할 때 상대방의 솔직한 태도를 가치 있게 받아들일 수 있다면, 그런 태도가 부정적으로 느껴지지 않고 솔직함이라는 긍정적인 신호로 받아들여질 것이다.

당신이 다른 사람을 배려한답시고 '아니요'라고 말하고 싶은 순간에도 '예'라고 대답하며 평생을 살아간다면, 자기 자신에게 큰 인내심을 발휘해야 할 것이며 많은 시행착오를 묵묵히 견뎌내야 하리란 걸 명심해야 한다. 그렇게 되지 않으려면 인내하고 또 인내해야 한다. 계속 연습하다 보면 '아니요'라고 말할 때 느끼는 감정에 점차 익숙해진다. 처음에는 불편하지만, 시간이 지나면 그 감정에서 완전히 자유로워지고, 결국 아무렇지도 않게 거절할 수 있게 될 것이다.

그런 경지에 도달하기 위해서는 이 장에서 설명하는 전략 외에, 몇 가지 문구를 항상 써먹을 수 있도록 준비하고 예기치 못한 상황에서도 사용할 수 있도록 익혀두는 것이 좋다. 별다른 설명 없이 거절하는 데 쓰기 좋은 표현 몇 가지를 소개한다.

- 고맙지만 안 그랬으면 좋겠어요.

- 죄송하지만, 그건 불가능할 것 같아요.
- 미안한데 저는 못 해요.
- 오늘은 내키지 않네요. 그래도 초대해 줘서 고마워요.
- 솔직히 말해서 저는 불가능해요.
- 솔직하게 말하면 저는 편할 것 같지 않아요.
- 고맙지만 오늘은 안 돼요. 다음에 기회가 될지 모르겠네요.
- 정말 고마워요. 그런데 오늘은 내키지 않아요.

감사 인사+거절(+사과)+정중한 표현

이 전략은 거절하는 데 필요한 가장 기본적인 자기주장적 전략이다. 다시 말해 어떤 제안이나 당신에게 보여 준 신뢰에 대해 감사를 전하고 나서 정중하게 거절하고, 진심으로 미안한지 아닌지에 따라 '미안해요'라고 말한 다음 끝으로 정중한 표현을 덧붙이는 방식이다. 맨 마지막 요소인

정중한 표현은 두 가지 기능을 수행한다. 하나는 친절하게 당신의 거절을 전달하면서 상대방에게 행운을 빌어 주는 의도를 표현하고, 다른 하나는 부드럽고 우아하게 '강요하지 마세요'라는 뜻을 전달하는 것이다.

비언어적 의사소통: 분명하고 차분한 어조로 말하고 눈을 맞춘다. 여기에 진심 어린 미소를 짓거나, 비록 부정적인 대답이라 하더라도 솔직한 감사의 마음을 몸짓으로 표현한다면, 친절한 대답이 될 수 있다. 그러면 상대방도 그런 태도를 기꺼이 받아들일 것이다. 아래 대화를 살펴보자.

"오늘 밤 파티에 올 거야?"
"초대해 줘서 정말 고마워. 그런데 나는 못 가. 즐겁게 보내길 바라!"

"오늘 저녁 우리 집에서 저녁 식사하자. 절대 빠지면 안 돼!"
"정말 고맙지만 선약이 있어. 미안해. 식사 즐겁게 해!"

"내일까지 보고서를 제출해야 하는데, 시간이 부족해. 날 도와줄 능력이 되는 사람이 너밖에 없어. 메일로 보고서 보낼게. 같이 살펴봐 줄래?"

"칭찬 고마워. 그런데 미안하지만 난 안돼. 널 도와줄 다른 동료를 찾길 바라."

"오늘 오후에 우리 아이들 좀 봐줄 수 있어? 꼭 보고 싶은 영화가 있는데 마침 초대를 받았거든."
"아이들을 맡길 정도로 날 믿어줘서 고마워. 그런데 오늘 오후엔 내가 볼일이 있어. 미안해. 다른 사람이 구해졌으면 좋겠어."

감사 인사+거절+대안 제시

이 전략은 바로 이전 전략의 변형으로, 이번에는 대안을 추가해 보자. 이 전략은 거절이 관심 부족이나 '미루는' 의도로 해석될 수 있는 경우에 적용할 수 있다. 예컨대 누군가를 처음 알게 되어 계속 관계를 유지하고 싶어지는 경우를 생각해 보자. 상대방의 요청을 거절하지만 다음 기회에 할 수 있는 다른 계획을 제안함으로써 "지금 당장은 당신 제안을 받아들이고 싶지 않거나 받아들일 수 없지만, 앞으로 계속 당신과 함께 시간을 보내고 싶어요"라는 의중을 전달하는 방식이다. 아래 대화를 살펴보자.

"오늘 밤 파티에 올래?"
a) "정말 고마워. 그런데 오늘은 안 돼. 일요일에 만나는 건 어때?"
b) "초대해 줘서 고마워. 그런데 별로 안 내키네. 내일 좀 더 여유롭게 만나는 건 어때?"
c) "초대해 줘서 고마워. 그런데 난 내일 어떤 행사에 초대받았거든. 너도 같이 갈래?"

누군가를 처음 알게 된 상황에서 이 전략을 활용하면 비록 상대방의 요청을 거절함에도 여전히 상대방에게 관심이 있다는 것을 표현할 수 있을 뿐만 아니라 상대방이 당신에게 관심이 있는지 없는지도 판단할 수 있다. 당신이 어떤 계획을 제안했다고 치자. 상대방이 당신의 제안을 거절하면서 대안을 제시하지 않는다면, 그는 아마도 당신과 더는 만날 생각이 없다는 것을 암시적으로 표현하는 것일 수도 있다. 만약 이런 상황이 파악된다면, 당신은 잠시 여유를 두고 상대방이 다음 단계로 나아갈 때까지 기다려야 한다.

연장 요청

아직 마음의 결정을 하지 못했는데 빨리 대답해야만 할 것 같을 때가 종종 있다. 이럴 때는 생각할 시간을 요청하는 것도 괜찮다. 사실 더 자주 그래야 한다. 그러면 후회할 일도 줄고 상대방에게 마음이 바뀌었다고 말하지 않아도 되기 때문이다. 사실 대답을 번복하면 처음부터 거절할 때보다 더 불편한 상황이 연출되곤 한다.

그러니 대답하기 전에 생각할 시간을 요청할 수 있다는 걸 기억하자. 마찬가지로 상대방도 결정하기 전에 생각할 시간을 가질 수 있도록 배려하자. 대화를 통해 살펴보자.

"다음 달에 여행을 갈까 하는데, 같이 갈래? 어때?"
"나를 생각해 줘서 고마워. 그런데 지금 당장 확실한 대답을 하기가 어려워. 이틀 정도 생각해 보고 답해 줄게."

"이번 주말에 결혼식에 가야 하는데, 혹시 우리 딸 좀 돌봐 줄 수 있어?"
"아내와 주말에 외출하려고 계획 중인데… 잠깐만! 아내와 통화해 보고 확실히 알려 줄게."

"클라우디아 생일 파티를 열어 줄까 해. 한 사람당 30유로씩 거둬서 선물을 사 줄 건데, 너도 동참할래?"
"일정을 확인해 보고 내일 알려 줄게."

만약 이 기술을 적용한 후에도 상대방이 계속해서 고집한다면, 튀는 레코드판 전략을 사용하거나 팔이나 다리를 꼬아서 조금 닫힌 자세를 취할 수도 있을 것이다. 상대방을 향하고 있는 발과 몸도 살짝 바깥쪽으로 옮긴다. 이렇게 하면 당신에 의해 대화가 종결되었다는 뜻을 상대에게 전달할 수 있다.

튀는 레코드판 기술

이 기술은 거절을 표현할 때 매우 효과적이다. 특히 상대방이 계속해서 고집을 피우거나 압박하거나 감정적인 협박을 시도하려고 할 때 유용하다. 하고 싶지 않거나 할 수 없는 일을 요구받았을 때, 메시지를 바꾸거나 부연 설명을 덧붙이지 않고 같은 대답을 필요한 만큼 반복하는 것이 핵심이다. 이 기술의 흥미로운 점은 다른 의사소통 기술과 함께 사용할 때 효과가 배가된다는 것이다.

예를 들어 보자.

자녀가 게임기를 사고 싶다며 돈을 달라고 떼를 쓴다. 그런데 당신은 아이가 이번 주 숙제를 하지 않았기 때문에 게임기를 사 주는 건 적절하지 않다고 생각한다. 아이가 계속 고집을 피우면 이렇게 대답해 보라.

"네가 이번 주에 숙제하지 않았기 때문에 나는 너에게 돈을 주지 않을 거야."

그러면 아마도 아이는 가장 순한 어린 양의 얼굴을 하고 다시 떼를 쓸 것이며, 이에 당신은 다시 대답할 것이다.

"아니, 그만해. 이번 주에 너는 네가 할 일을 하지 않았어. 그러니 나는 돈을 주지 않을 거야."

고집이 센 아이라면 아마 200번 정도는 더 자기주장을 되풀이할 것이다. 이때, 목소리를 높이거나 공격적인 어조로 말하지 않는 것이 중요하다. 인내심이 시험받을 수 있지만, 침착하고 냉정한 태도를 유지해야 한다. 그저 조용하면서도 단호한 어조로 같은 말을 한두 번 더 반복하는 것으로 충분하다.

다행히도 아이든 어른이든 대부분 이런 상황에서 더는 고집을 피우지 않는다. 한번 시도해 보라. 이 훈련은 나중에 다른 사람과의 관계에서도 큰 도움이 될 것이다.

기억하라. 사춘기 아이와의 대화에서 성공한다면, 그 밖의 인간관계는 식은 죽 먹기다.

튀는 레코드판 기술을 다른 기술과 함께 사용한 사례를 살펴보자.

"마르코스, 오늘 밤에 내 생일 파티할 건데 너도 올래? 모두 다 올 거야." 요청

"고마워, 크리스티안. 그런데 난 못 가. 내일 아침에 매우 중요한 회의가 있어." 대답

"내 생일 파티에 한잔하러 오지 않겠다는 게 사실이야? 왜 이래! 까짓것 인생 뭐 있어!" 고집

"초대해 줘서 진짜 고마워. 그런데 난 못 가. 내일 중요한 회의가 있어." 튀는 레코드판 기술

"왜 이래! 오래 안 걸릴 거야. 까칠하게 굴지 마." 고집

튀는 레코드판 기술을 사용한 후에도 상대방이 계속해서 고집을 피운다면 '거절+감사 인사+정중한 표현' 같은 다른 기술을 함께 사용하여 대화를 끝내겠다는 뜻을 전해 보자. 이렇게 하면 아마도 상대방이 더는 고집을 피우지 않을 것이다. 예컨대 이렇게 말하면 어떨까?

"초대해 줘서 고마워. 그런데 나는 못 갈 것 같아. 내일 중요한 회의가 있거든. 즐겁게 지내." 튀는 레코드판 기술 + 정중한 표현

만약 상대방이 조금이라도 이해력이 있는 사람이라면, '즐겁게 지내'라는 말의 행간에 '고집 그만 부려, 고마워'라는 뜻이 숨어 있다는 걸 눈치챌 것이다.

비언어적 표현으로는 몸과 발을 살짝 바깥쪽으로 향하고 대화가 끝났음을 암시하는 의도로 더는 눈을 맞추지 않는다. 그런데 상대가 쉬 물러서지 않고 계속 고집을 피운다면, 훨씬 더 강력하고 직접적인 방식으로 요청해야 한다.

"정말 안 올 거야?" 고집
"진짜야. 고맙지만 난 안 갈 거야. 내일 중요한 회의가 있다니까. 그러니 이제 그만 해." 튀는 레코드판 기술 + 더 강한 요청

"이제 그만 해"라고 말할 때 함께 사용할 비언어적 대화법은 상황과 상대가 누구냐에 따라 달라질 수 있다. 이전 대화의 예를 다시 보자. 상대를 조종하려 하고 고집이 매우 세며 상대의 결정을 존중하지 않는 동료와의 대화라는 상황에서 당신의 뜻을 강력하게 전하기 위해서는 진지한 표정과 단호한 어조로 말하는 것이 적절하다. 그런데 다른 상황을 떠올려 보자. 예를 들어 친구의 집에 방문했는데, 친구의 할머니가 함께 식사하자고 여러 번 권하는 경우가 있다. 이때 당신이 거절하면, 할머니는 당신이 '예의상' 혹은 '귀찮게 해 드릴까 봐' 또는 '부끄러워서' 거절한다고 생각하실 수도 있다. 이런 해석은 문화적으로 '예의를 차리는 행동'으로 받아들여지는 경우가 많다. 이런 경우 거절의 의사를 더 부드럽게 전달하는 신체 언어를 사용하는 것이 더 적절할 수 있다. 예컨대 가슴에 손을 얹고 고개를 한쪽으로 기울이며 살짝 눈을 감는다.

언어적으로는 의도가 매우 명확하게 드러나는 명령식이라고 해도 신체적으로 이런 행동을 동반하면 '부탁이에요. 고맙습니다'라는 뜻을 전달하여 명확성을 유지하면서도 부드럽게 메시지를 전달할 수 있다. 이러한 비언어적 의사소통의 열쇠는 대화 상대방이 처한 상황의 특성상 명확해야 하지만 지나치게 강하게 말하기 힘든 상황에서 유용하게 활용할 수 있을 것이다.

13

비난에 대응하기 위한
자기주장적 전략

모든 의견이
개인의 역사를 담고 있다는 사실을 이해하게 되면,
모든 판단은 하나의 고백이라는 것 또한
이해하게 될 것이다.

니콜라 테슬라 Nicola Tesla*

* 세르비아계 미국인 발명가, 물리학자, 전기공학자(1856년 7월 10일~1943년 1월 7일)

비난에 흔들리지 않는 법

비난을 잘 처리하려면 미리 연습해 두어야 한다. 다른 사람 의견을 있는 그대로 받아들이는 훈련 말이다. 의견은 의견일 뿐, 그것은 절대적인 진실이 아니다.

누군가가 내리는 판단은 단순히 그 사람의 생각만으로 결정되는 것이 아니다. 그 판단은 그 사람의 과거 경험과 역사, 현재 가지고 있는 목표, 신념과 가치관, 교육 수준 그리고 그날의 기분 상태 등 여러 요소가 서로 얽히고설켜 만들어진 결과물이다. 게다가 이 외에도 영향을 줄 수 있는 다양한 조건들이 존재하며, 이러한 요소가 결합해 생겨나는 판단 역시 무한하며, 그 판단은 다른 사람에게 쉽게 이해되지 않을 수도 있다.

무슨 근거로 어떤 판단이 다른 판단보다 더 타당하다고 말할 수 있나? 만일 당신이 자신의 판단보다 다른 사람의 판단이 더 타당하다고 생각하는 경향의 사람이라면, 당신은 다른 사람의 기준에 따라 결정하고 당신의 행동을 평가하며 자책하게 될 것이다. 요약하자면, 다른 사람들의 의견에 따라 자신의 현실을 정의하는 선고를 스스로 내리게 되는 것이다.

이는 중대한 과오다. 자신의 판단 기준을 땅에 묻어 버리는 행위일 뿐만 아니라 세상 모든 사람의 허락을 얻는 것은 불가능하므로 끝없이 좌절하게 될 것이기 때문이다. 당신의 행동 방식을 반대하고 당신을 비난하고 당신을 헐뜯는 사람은 어디에나 있다. 그러니 이런 사실을 자연스럽게 받아들이는 것이 평화롭게 살 수 있는 비결이다.

누구나 자기 영화의 주인공이자 감독이 되어야 한다. 다른 사람이 당신을 대신해 결정하게 두어서는 안 된다. 그들에게는 이미 원하는 대로 결정할 수 있는 자신의 삶이 있다. 다른 사람이 당신을 조종하려 하거나 자신의 의견이나 행동 방식을 강요하려 하면, 당신은 그들에게 이 사실을 알려야 한다.

이렇게 말하는 것이다. "당신 인생은 당신 방식으로, 내 인생은 내 방식대로 결정해요" 죄책감이나 자격지심은 느낄 필요 없다. 이는 다른 사람과 자기 자신을 존중하기 위한 기본 규칙이다.

그렇다고 해서 다른 사람의 의견과 비판을 듣지 말아야 한다는 건 아니다. 다른 사람의 의견과 비판은 절대 간과할 수 없는 배움과 성장의 기회가 될 수 있기 때문이다. 그뿐만 아니라 자신의 잘못을 개선하거나 실수를 통해 배울 수 있도록 잘 활용할 줄 알아야 한다. 그렇지 않으면 당신은 교만하고 정체된 존재로 남을 것이다.

타인의 비판을 건강하게 수용할 수 있으려면 자신만의 기준과 자신감이라는 두 가지 핵심 요소가 필요하다. 자기 자신만의 기준과 자신을 믿는 마음을 바탕으로 다른 사람의 비판과 의견을 평가할 수 있어야 한다. 그렇게 한다면 당신은 비판을 분석하여 그 안에서 자신에게 쓸모 있는 점을 가려내거나 비판을 개인적인 공격으로 받아들이지 않고 반박할 수 있다. 반대로 분석조차 하지 못한다면 그것을 수용할 수도 없고 다른 사람의 의견을 가치 있게 생각하여 자신의 행동 방식을 바꾸는 데 활용할 수도 없다.

이런 변화 과정은 다소 복잡하다. 특히 자신의 판단 기준을 신뢰하고, 부정적인 외부 의견에 쉽게 흔들리지 않게 해 주는 단단한 자존감이 없다면 더욱 그렇다. 물론 스스로 자존감이 약하다고 느끼는 사람에게는 이런 상황이 자존감을 강화할 좋은 훈련의 기회가 될 수도 있다. 그러나 자존감의 강약과 상관없이, 자기주장적이지도 않고 건설적이지도 않은 비판을 받아들이는 일은 언제나 쉽지 않다. 그런 비판의 경우 공감은 부족하고 조종하려는 의도를 품고 있는 경우가 대부분이기 때문이다. 이런 경우에 활용할 수 있는 대응 전략을 소개한다.

기본적인 자기주장성

비판에 대해 피해야 할 대응 방식 세 가지가 있다.

- 맞받아치기(공격적인 대응): 상대방의 비판을 맞받아치면 결국 대화는 서로를 공격하는 싸움이 될 것이다.
- 침묵하기(수동적인 대응): 자기 행동이 잘못되었다고 생각하지 않으면서 수동적으로 수긍하거나 사과한다.
- 처음에는 수긍하고 나중에 공격하기(수동적-공격적인 대응)

건설적이지 않거나 상대를 조종하려는 비판에 대해 당신이 적용해야 할 자기주장적인 대응법 중에 하나는 상대의 비판 방식이 불편하다는 감정을 솔직하게 표현하고, 보다 건설적인 방식으로 말해 달라고 제안하는 것이다. 아래 예시를 참고해 보자.

"조금 더 친절하게 말해 줄 수 있어요? 지금 당신의 말투가 편하게 느껴지지 않아요."

"그런 식으로 말씀하실 필요는 없는 것 같아요. 기분이 나빠요. 조금 더 건설적인 방식으로 당신의 의견을 말해 줄 수 있나요?"

"저에게 조금 더 다정한 말투로 말해 주면 좋겠어요."

"조금 더 건설적인 방식으로 의견을 제시해 주시면 감사하겠습니다."

부정적인 질문

또 다른 자기주장적인 대응법은 비판을 한 사람에게 방어적으로 대답하거나 자신의 실수를 부정하거나 상대방의 공격을 맞받아치는 대신 솔직하게 질문하는 방식이다. 다음의 질문 공식을 사용해 보자.

"~의 부정적인 점은 무엇이라고 생각하나요?"

"왜 그것이 잘못됐다고 생각하나요?"

> "~이 부적절하다고 생각하는 이유는 무엇인가요?"
>
> "왜 그것이 옳지 않다고 생각하나요?"

공격이나 조작하려는 의도를 갖고 말하는 상대에게 자기주장적인 질문으로 대응한다면 당신은 다음의 세 가지 의도를 전달할 수 있을 것이다.

첫째, 당신은 상대의 공격적인 꾀에 놀아날 생각이 없다는 것, 둘째, 위축되지 않고 대화를 계속할 의향이 있다는 것, 셋째, 진지하고 타당한 답변을 기꺼이 받아들이겠다는 것. 당신의 질문에 대한 상대방의 대답을 듣고 나면 그의 비판을 건설적으로 받아들일 것인지, 아니면 받아들이지 말지를 결정할 수 있을 것이다. 더불어 다음번에는 어떻게 비판을 전달해 주었으면 좋겠는지에 대한 경계를 암묵적으로 설정할 수 있을 것이다.

안개구름 기술

이 기술은 상대가 당신에 대해 말하는 내용 중 일부, 혹은 상당 부분에 진실이 있을 가능성을 냉정하게 인정하되, 그렇다고 해서 자신의 행동이나 의견을 바꾸지는 않는 전략이다. 물론 그 과정에서 다른 사람의 권리를 침해하지 않는 것이 전제다.

"음악 취향이 최악이구나. 지금 네가 듣고 있는 노래는 완전 쓰레기야."
"세상에서 가장 멋진 노래라고는 할 수 없지만, 나는 맘에 들어."

"휴대폰을 강도당했다며? 길에서 왜 휴대폰을 꺼냈어? 완전 멍청한 짓이잖아."
"내가 제일 똑똑하다고는 할 수 없겠지만, 죄를 지은 사람은 휴대폰을 훔친 사람이야."

"그렇게 입고 나가려고? 다른 사람들의 시선을 끌고 싶은가 봐?"
"응 그래. 난 주의를 끄는 게 좋아."

맞받아치거나 부가적인 설명을 덧붙이거나 비판하는 사람의 조종에 순순히 굴복하는 방식으로 대응하지 않는다면, 상대는 더는 비판할 거리가 없어 전투력을 상실할 것이다.

샌드위치 기술

이 전략은 비판하는 경우와 비판에 대응하는 경우에 동일하게 품위 있고 효과적으로 적용할 수 있다.

비판하기

긍정적인 내용을 먼저 말한 뒤에 비판하고, 끝으로 또 다른 긍정적인 면을 언급한다. 이렇게 하면 비판적인 메시지는 두 개의 긍정적인 메시지 사이에서 한결 부드러워진다. 그래서 상대방은 비판적인 메시지를 더 쉽게 받아들여 공격당한다고 느끼지 않고 열린 마음으로 자신의 태도를 고칠 것이다.

"강연 정말 좋았어요. 간혹 조금 늘어지는 부분도 있었지만, 처음부터 끝까지 청중의 관심을 사로잡을 줄 아시네요."

반론하기

자신에 대한 비판에 동의하지 않는 경우에도, 방어적으로 대응하지 말고, 샌드위치 전략으로 대응할 수 있다. 특히 직장에서 상사로부터 비판을 듣는 상황에 적절하다. 우선 비판의 내용 중 자신이 동의하는 부분이 있다면 그에 대한 동의를 먼저 표시하자. 이렇게 하면 상대는 당신의 태도가 반격하는 것이 아니라는 것을 알게 되고, 이어서 열린 마음으로 차분하게 당신의 의견을 듣게 될 것이다. 그런 다음 상대방과 다른 당신의 의견을 표명하고, 마지막으로 세 가지 긍정적인 메시지 중 하나를 선택하여 말한다.

a) 상대의 견해에 대해 감사를 표한다.
b) 해결책을 제시한다.
c) 상대에게 좋은 해결책이 무엇인지 질문한다.

이처럼 두 가지 긍정적인 요소를 함께 사용하면, 하나의 부정적인 요소도 한결 부드럽게 표현할 수 있고 품위 있으면서도 설득력 있게 반론을 전달할 수 있다. 예문을 살펴보자.

"당신이 작성한 보고서는 길이가 너무 길고 테스트에 대한 세부 정보가 너무 많아요. 전혀 필요 없는 정보란 말이에요." 비판
"보고서가 길다는 데에는 저도 동의해요. 그런데 어떤 테스트가 시행되었는지 그리고 그 결과는 무엇인지 자세히 설명해야 최종 결론의 정당성을 증명할 수 있다고 생각해요."
샌드위치 전략으로 반론하기

그러면 아래와 같이 답할 수 있다.

"어쨌든 의견 주셔서 감사합니다. 고려하겠습니다."
"세 번째 견해를 조금 더 줄일 수 있을 것 같아요. 그러면 충분할까요?"
"당신이라면 어떤 부분을 줄이겠습니까?"

유머로 위장한 조롱과 비판에 대응하기

한 번의 시선은 천 마디 말보다 가치 있다

누군가가 유머인 척하면서 당신을 조롱하거나 비판한다면, 미처 눈치채지 못해 웃어 버리거나 재미없어도 크게 신경 쓰지 않거나 아니면 '지나치게 진지'하다거나 '흥을 깨는 사람'이라는 평가를 듣기 싫어서 감정을 숨겨 본 경험이 있을 것이다.

누군가가 당신의 감정을 해치거나 불편하게 하는 말을 하도록 내버려두고 경계를 긋지 않는다면, 상대방이 자신의 의도를 숨기기 위해 유머를 사용하는지와는 상관없이 그것은 자신을 존중하지 말라고 허락하는 것과 같은 행동이다.

이런 경우, 존중받지 못하는 다른 모든 경우와 마찬가지로 당신은 상대가 방금 한 말이 마음에 들지 않는다는 것을 상대에게 표현할 수 있어야 한다. 그렇지만 농담과 우스개가 섞인 비판에 대해 선을 그을 때 당신은 외부로부터 압박을 느낄 것이다. 불만을 드러낸다는 것은 불쾌감을 표현하는 행동일 뿐만 아니라 자신의 행동으로 인해 즐거운 분위기가 깨지게 되리란 걸 의미하기 때문이다. 그런데도 농담이나 우스갯소리가 다른 사람을 비판하거나 존중하지 않아도 된다는 무임승차권처럼 여겨져서는 안 된다. 농담조이든 그렇지 않든 상대방의 발언이 불편하게 느껴진다면 그런 일이 반복되지 않도록 정면으로 승부를 겨룰 줄 알아야 한다.

첫 번째 간단한 전략은 그런 상대방의 발언에 대해 진지한 태도로 대응하는 것이다. 농담에도 웃지 않고 상대방의 눈을 정면으로 응시한다. 우리의 전전두엽 피질에 있는 거울 신경 세포는 공감을 가능하게 해 주는 뇌세포다. 당신의 느낌과 전혀 다른 감정을 나타내는 표정이 감지되면, 무언가 이상한 일이 벌어지고 있다는 것을 알리려 경보 신호를 보낸다. 상대방과 눈을 맞추어야 하는 것은 바로 이런 이유에서다. 상대방의 발언이 끝나면 웃지 않고 3초 정도 눈을 맞춘 채 가만히 있어 보자. 이렇게 하면 상대방의 뇌에서 필요한 영역이 활성화되어 자신이 방금 한 말이 별로 유쾌하지 않았다는 것을 스스로 깨닫게 된다.

이런 행동만으로도 상대방은 자신의 행동에 대해 용서를 구할 수 있다. 그런데 그렇지 않은 상황이 벌어진다면 지금 소개하는 전략을 활용해 보자.

상대방의 의도 밝히기

이 전략은 비판이나 조롱의 의도를 공개적으로 표현하고 그

행동이 부적절하다는 것을 자기주장적으로 드러내는 방식이다.

이 전략을 수행하는 방식은 아래와 같다.

- 문제의 발언을 반복한다: "내가 직접 머리를 잘랐냐고 네가 세 번째로 물었을 때 말이야…"
- 자신의 느낌이나 생각을 표현한다: "네가 나를 웃음거리로 만들려고 작정한 느낌인데…"
- 발언의 진위를 확인하거나 거짓말을 방지하기 위해 직접적으로 질문한다: "그게 네가 의도한 거야?"

이 전략을 적용하여 마지막 질문 단계에 이르면 상대방이 자신의 태도가 잘못되었음을 깨닫고 사죄하려고 할 것이다. 그런데 만약 상대방이 정말 멍청한 사람이어서 마지막 질문에 대해 '그렇다'라고 대답한다 해도 평정을 잃어서는 안 된다. 차분하고 단호한 어조로 계속 전략을 이어 가면서 상대방에게 눈을 맞추고 이렇게 대답해 보자. "재밌네… 그런데 왜 그런 짓을 하고 싶은 거야?"

이 질문에 대한 대답은 매우 중요할 것이다. 자신이 막다른 골목에 다다랐다는 걸 깨닫고 용서를 구할지 아니면 자신이 정말 구제 불능이라는 것을 증명하는 다른 유형의 반응을 보일지, 상대방의 태도에 따라 당신은 대화를 이어 가는 것이 가치가 없다고 결론을 내려 자리를 뜨거나, 앞서 살펴보았던 상대방을 정중하게 지옥으로 보내 버리는 전략 중 하나를 적용할 수 있을 것이다.

14

심리 조종자들에게
경계 긋는 법

상대를 조종하려는 사람에게는
자신이 원하는 대로 하지 않는 사람은
모두 배신자다.

작자 미상

"나에게 무슨 짓을 했는지 봐"

자신을 피해자라고 생각하는 사람, 자기애가 강한 사람, 선동자, 다른 사람의 관심을 끌고 싶어 하는 사람, 험담하는 사람, 기회주의자, 도덕주의자, 다른 사람을 비난하는 사람, 거짓말쟁이, 위선자, 학대하는 사람 그리고 온갖 종류의 교사자 등은 자신의 이익을 위해서라면 어떤 대가를 치르더라도 상대방을 조종할 준비가 되어 있는 사람들이다.

이런 행동을 감지했을 때 당신이 할 수 있는 최고의 선택은 사소한 것일지라도 그와 관계될 만한 일은 모두 피하는 것이다. 이것이 공격이나 감정과 심리적 학대, 독이 되는 관계로부터 자신을 보호할 수 있는 가장 좋은 방법이다. 그런데 이런 대처가 여의치 않은 경우가 있다. 예컨대 상대가 가족이나 직장 동료라고 가정해 보라. 이런 경우에는 필요한 최소한의 상호작용만 주고받거나, 필요하다면 이 장에서 설명하는 기술들을 활용해 보면 도움이 될 것이다.

심리 조종자들은 자기가 원하는 대로 상대방이 움직이지 않거나, 자기가 원하는 대로 행동하도록 상대방이 허락하지 않을 때, 상대방이 죄책감, 두려움, 수치심, 경멸 등의 감정을 느끼도록 만드는 데 능한 사람들이다. 그래서 조종하려는 사람에게 경계를 그으려고 할 때 일반적인 반응은 대개 화를 내는 것이다. 그렇게 하면 상대방이 스스로 잘못했다고 생각하여 죄책감을 느끼게 되고 결국 조종하려는 자의 의지에 굴복하기 때문이다.

그러니 언제나 단호하게 행동하여 휘둘리지 말아야 한다. 이 싸움에서 당신이 패배자가 되어서는 안 된다. 그러니 당신을 조종하려는 시도가 감지되면 어떻게 대응해야 할지 잘 알고 있어야 한다.

매우 순순하다거나 지나치게 공감 능력이 뛰어난 사람들의 경우, 이런 문제는 더욱 복잡하게 느껴진다. 그들은 '조종자의 상황, 이력, 또는 개인의 존재 방식을 이해'하려 하여 결국 그들의 행동을 합리화하고 용인해 버리기 때문이다. 그런데 이해와 용인 사이에는 매우, 매우 섬세한 경계선이 있다. 그 선을 넘지 않으려면 반드시 알아야 할 것이 있다. 누군가가 왜 그런 행동을 하는지 이해할 수 있다고 해서 당신을 조종하려 하거나 학대하려는 행동을 용인해도 된다는 것은 아니라는 것이다.

이런 일은 가족이나 연인 관계에서 일상적으로 일어난다. 한 사람이 학대자/조종자의 역할을 하고, 학대를 당하는 사람은 "매우 힘든 어린 시절을 보냈어" "지금 너무 힘들어" "어릴 때 아버지에게 맞았어" "전 배우자 때문에 너무 불안했어" "직장에서 받는 스트레스가 너무 심해" 등의 변명을 하면서 학대자를 용서하게 된다. 누군가에게 공감하는 것과 그 사람의 행동에 대한 책임을 면제해 주는 것은 전혀 다른 문제다. 우리는 모두 자신의 행동에 책임을 져야 하며, 어려운 문제를 해결하기 위해 노력해야 하고, 필요하다면 전문가의 도움을 구해야 한다. 과거의 삶이 아무리 힘들었더라도 말이다. 다시 말해, 힘든 유년기를 보냈다거나 과거에 학대나 조종의 피해자였다고 해서 현재 다른 사람들을 힘들게 하는 행태를 정당화할 수는 없다. **다른 사람에게 같은 무게의 짐을 지우지 않고 자신의 과거를 받아들이고 감정적 상처를 치유하려고 노력하는 것이야말로 성인으로서 자신의 책임을 다하는 태도일 것이다.**

이 점을 기억해야 한다. 그렇지 않으면 결국 누군가의 감정풀이 대상이 되거나, 누군가를 그렇게 대하는 사람이 되어 버리고 만다. 감정풀이와 관련하여 보면, 우리 정신 건강 전문가들은 타인에게 받는 '충격'을 큰 고통 없이 참아 낼 수 있다.

그 이유는 학대자와 개인적으로 연결되어 있지 않고 각각의 사건에 감정적 거리를 두는 방법을 알고 있기 때문이다. 심리 치료를 통해 자신의 감정을 제대로 관리하는 방법을 배우고, 부적절한 행동을 고치고, 자신의 감정적 상처를 치유하는 법을 배울 수 있다. 그리고 이 과정을 안내하는 일은 치료사만이 할 수 있다. 엄마도, 배우자도, 연인도, 형제도, 사촌도, 친구도 당신의 행동이나 조종자의 사고방식의 '변화'를 책임질 수 없다. 오직 자기 자신만이 치료사의 도움을 받아 책임질 수 있는 일이다.

대부분의 조종자는 가족이나 연인, 친구처럼 가까운 관계에 있는 사람인 경우가 많다. 그래서 조종으로 인해 고통받는 사람들은 처음에는 '그를 돕겠다'라고 마음먹지만, 조종자의 그물에 걸려 그 속에 갇히는 순간, 정작 도움이 필요한 사람은 그들 자신이 되고 만다. 따라서 만약 당신이 이런 특징을 가진 사람에게 공감하고 그 사람에게 도움이 필요하다고 생각한다면, 그와 당신 자신을 위해 할 수 있는 가장 좋은 선택은 전문가의 상담을 받도록 제안하는 것이다. 동시에 당신은 할 수 있는 한 그 사람과 거리를 유지해야 할 것이다.

그런데 조종자로부터 원하는 만큼 거리를 둘 수 없다면 어떻게 해야 할까? 맞받아치거나 변명하거나 조종하려는 행동을 무시해야 할까? 계속해서 나오는 전략을 통해 단호하면서도 자기주장적으로 행동하는 방법과 자신의 경계를 명확하게 긋는 방법을 배워 보자.

자기 노출 최소화하기

이런 부류의 사람들과 접촉을 피할 수 없는 상황이라면, 자신에 대한 노출을 최소화하고, 메시지를 짧고 명확하게 전달하자. 말투는 예의 바르고 침착하되, 태도는 단호해야 한다.

무엇보다도 감정을 흔들리지 않게 유지하는 것이 중요하다. 조종자가 당신의 기분을 좌지우지할 수 있다고 느끼게 되면, 그 판단이 곧 그들의 조종 행동에 힘을 실어 주는 결과로 이어진다.

따라서 화를 내거나 공격적인 태도를 보이는 것은 피해야 하지만, 그렇다고 복종하는 자세를 취해서도 안 된다. 그저 단호하고 일관된 태도로 그들의 조종 시도에 휘둘리지 않는 것이 핵심이다.

이처럼 당신이 예상 밖의 방식으로 반응하면, 상대는 오히려 화를 내거나 더 강하게 조종하려는 욕구를 보일 수도 있다.

그럴 때는 '안개구름 기술'이나 '인정하기 기술'을 '튀는 레코드판 기술'과 병행하여 사용하고, 대화에서 자연스럽게 물러나는 것이 도움이 된다.

다음은 그 예시이다.

"난 네가 혼자 여행 가는 걸 원치 않아… 내 말을 들어야지, 난 네 엄마잖아." 조종

"엄마가 원하지 않는다는 건 이해하겠어요. 그런데 저도 이제 성인이고 여행을 가기로 이미 결정했어요."
인정하기 + 단호한 의견 제시

"엄마가 네 잘못 때문에 이렇게 걱정인데, 넌 상관없니?"
집요한 조종

"엄마 입장은 이해해요. 그런데 전 이미 결정했어요."
인정하기 + 튀는 레코드판 기술

"내가 널 얼마나 걱정하는데… 넌 내가 걱정하든 말든 상관없구나?" 집요한 조종

"제가 혼자 여행한다니 걱정하시는 건 알아요. 그런데 전 이미 가기로 한 걸요." 인정하기 + 튀는 레코드판 기술

신체 언어

이런 사람들을 대할 때 중요한 것 중 하나는 위엄과 확신을 다스리는 것이다. 이때 신체 언어가 중요하다. 두려움이나 복종을 드러내는 신체 언어로 존경심을 강요할 순 없지 않은가. 이런 경우 자기주장적인 비언어적 의사소통의 기본 공식을 이용하겠지만, 목소리 톤과 시선을 섬세하게 조절해 보자.

우선 목소리 톤은 조금 더 단호해야 하고, 가능하다면 저음을 사용한다. 그렇게 하면 단호함의 수준을 어느 정도 높일 수 있을 것이다.

시선을 통해 전하고 싶은 메시지는 "나는 여기에 있고, 내 필요와 권리를 분명히 알고 있다. 당신이 그것을 침해하도록 허락하지 않을 것이며, 나 또한 당신의 권리를 침해하지 않을 것이다"이다. 시선으로 이런 뜻을 전달하려면 마치 텔레파시를 보내는 것처럼 상대방과 눈을 마주치면서 속으로 이 메시지를 반복해 보자. 이 연습은 감정을 표현하거나 확신, 위엄, 신뢰성과 같은 강점을 눈빛으로 드러내는 법을 배우는 데 매우 효과적이며, 이를 통해 언어적 메시지를 한층 강화할 수 있다. 이 장에 소개

되는 전략 대부분에서 이런 유형의 비언어적 의사소통을 사용할 것이다.

명령형 사용하기

누군가가 당신의 권리를 침해하려 하거나, 당신을 존중하지 않거나, 의도적으로 당신의 경계를 침범하려 할 때, 가장 좋은 대응법은 선을 넘지 말라고 직접적으로 이야기하는 것이다. 명확하고 직접적인 명령형이나 '허용하지 않음/동의하지 않음/용납하지 않음'이라는 메시지를 사용해도 좋은 상황은 그리 많지 않은데, 바로 이런 상황에서는 명령형으로 말하는 것이 매우 효과적이다.

평소 순종적으로 행동하는 경향이 있는 사람들에게는 이 방법이 힘들게 느껴질 수도 있다. 직접적으로 말하는 것이 폭력적으로 느껴질 수도 있겠지만, 간혹 당신의 권리를 지킬 유일한 방법이라고 생각되면 자기방어를 위한 전략으로 선택해야 한다.

다음은 그 예시이다.

"내 말 끊지 마세요. 아직 끝나지 않았어요."

"부탁해요. 소리 지르지 마세요."

"다시는 나에게 미쳤다고 말하지 마세요."

"당신이 나를 모욕하도록 내버려두지 않겠어요."

"그만 하세요. 당신은 나에게 폭력을 행사하고 있어요."

"그런 식으로 나를 협박하지 마세요."

"다시는 나를 그렇게 대하지 마세요."

"나에게 책임을 떠넘기는 건 받아들일 수 없어요."

"저를 존중하지 않는 태도는 용납할 수 없어요."

상대방의 행동 입증하기

상대방이 당신을 공격적으로 대하거나 당신을 조종하려고 할 때 이 전략을 사용하자. 이 전략을 두 부분으로 구성된다. 첫째, 상대방의 행동을 정확하게 묘사하여 분명하게 입증한다. 둘째, 바뀌지 않으면 대화를 계속하지 않겠다고 경고하며 경계를 긋는다.

다음은 그 예시이다.

"방금 나를 무시했어요. 나는 참지 않겠어요. 나를 존중하지 않는다면 나는 대화를 계속하지 않겠어요."

"나에게 소리를 지르는군요. 다음에 다시 이야기하는 게 나을 것 같아요."

"나에게 말하는 투가 매우 공격적이에요. 말투를 바꾸지 않을 거라면 다음에 이야기하죠."

"내 책임이 아닌 일인데 내가 잘못한 것처럼 말씀하시네요. 이 일에 대해서 차분히 생각해 보시고 나서 다시 이야기하는 게 좋겠어요."

침묵하기

때로 침묵은 천 마디의 말보다 더 많은 것을 표현할 수 있다. 호사가들이 부적절하고, 어색하고, 꿍꿍이로 가득 찬 질문을 던지는 바람에 아무런 준비가 안 된 채로 예상치 못한 상황에 놓인 경험이 있을 것이다. 이런 상황에 가장 적절한 대응법은 바로 침묵하기다. 시선을 피하며 소심하게 침묵을 지키거나 아무것도 듣지 못한 척하는 것이 아니라, 약 3초 동안 단호한 시선으로 바라보며 의식적으로 말하지 않고 침묵을 유지해야 한다. 이렇게 조용히 그리고 직접적으로 바라보면 굳이 말하지 않아도 명확하게 자신의 메시지를 전달할 수 있다. 침묵으로 대응하면 상대방은 자신의 질문이 적절치 않았다는 것을 깨닫고 용서를 구하거나 주제를 바꾸려고 할 것이다.

다른 질문으로 대응하기

침묵하기 전략에도 상대방이 자신의 잘못을 깨닫지 못했다면 다른 질문으로 대응하는 방법이 있다. "왜 나에게 그걸 물어요?" "왜 그것에 관심이 있나요?"라고 되묻는 방법이다. 이렇게 다른 질문으로 대응하면 상대방은 당신이 질문에 대답하기 꺼린다는 걸 깨닫고 질문을 철회하거나 주제를 바꾸려고 할 것이다.

고맙지만, 대답하지 않겠어요

　　　　　　침묵하거나 다른 질문으로 대응해 보았는데도 상대방이 여전히 당신이 대답하기를 원치 않는다는 사실을 깨닫지 못하거나, 혹은 깨닫고도 인정하지 않으며 "그냥 궁금해서요" "당신이 걱정돼서요"라고 말한다면, 이제는 더 명확하게 '나 전달법' 형태로 메시지를 전하는 것이 좋다. 그리고 필요하다고 판단될 때만 선택적으로 상대방의 걱정에 감사의 뜻을 전하면 된다. 아래 예시를 참고해 보자.

"내 걱정을 해 주셔서 고마워요. 그런데 그 이야기는 하고 싶지 않아요."
"질문해 주셔서 고마워요. 그런데 지금은 비밀로 하고 싶어요."
"지금은 그 이야기를 하고 싶지 않아요. 그래도 걱정해 주셔서 고마워요."
"그 일에 관해서는 아무것도 물어보지 않았으면 좋겠어요."
"그 이야기를 하면 마음이 편하지 않아요."
"그 주제는 건드리지 않는 게 좋겠어요."

도덕주의자·권위주의자 대응하기

상대방에게 어떻게 행동해야 하는지 가르치려 하거나 자신의 방식이 마치 유일한 정답인 것처럼 강요하는 사람을 만났다면, 먼저 '상대방의 행동을 입증하기' 전략을 적용해 볼 수 있을 것이다. 만약 이 전략이 효과가 없다면 상대방이 말하는 바를 명확히 전달할 수 있도록 또 다른 질문으로 대응해 보자. 그러면 상대방은 그 질문이 자신이 말하고자 하는 바인지 아닌지를 알 수 있을 것이다. 예컨대 도덕주의자로부터 이런 말을 들었다고 해 보자.

"결혼하기 전에 그것에 대해 먼저 생각해 봤어야지."
"당신은 제 입장이 되어 보지도 않고 나를 가혹하게 판단하는 것 같아요." `'상대방의 행동을 입증하기' 전략`
"너를 판단하려는 게 아니야. 그저 이 문제를 조금 더 일찍 깨달았어야 했다고 말하는 거야. 이미 늦었지만." `도덕주의자의 고집`
"제가 더 일찍 알지 못했다고 해서 지금 바로잡을 권리도 박탈되어야 하나요? 이런 상황에서 평생 고통받는 게 당연하다고 말씀하시고 싶은 건가요?" `암시적인 메시지를 명확한 메시지로 전달하기`

잘 알지도 못하면서 말하는 사람 대응하기

많은 사람은 표현의 자유를 타인의 삶, 타인의 신체, 타인의 결정에 대한 의견을 물어보지 않았는데 표현할 수 있는 자유와 혼동한다. 이런 경우를 대비해 당신이 그들의 의견을 알고 싶지 않다는 것을 매우 단호하고 품위 있게 알려 줄 수 있도록 몇 가지 문장을 기억해 두자.

물어보지도 않았는데 사람들은 매우 광범위한 주제와 측면들에 대하여 자신의 의견을 표현한다. 따라서 그들이 논하는 주제와 그것이 당신의 감정에 어떤 영향을 미치는지에 따라, 대답의 강도를 선택할 수 있다. 여기 몇 가지 좋은 선택지를 소개한다.

"당신의 의견으로 저를 도와주려는 마음은 이해해요. 그리고 감사해요. 그런데 저는 외부의 영향 없이 스스로 결정하고 싶어요."

"의견 주셔서 감사합니다. 그런데 저는 이미 결정을 했어요. 제 결정을 존중해 주셔서 정말 감사합니다."

"당신의 생각으로 나에게 상처를 줄 마음은 없다는 걸 알지만,

이 주제는 내가 매우 불안하게 생각하는 주제예요. 그러니 내가 요청하지 않는 한 아무 말씀도 하지 말았으면 좋겠어요."

"당신의 의견을 말해 주고 싶은 마음은 이해하지만, 이 주제에 대해서는 이제 의견을 받고 싶지 않아요."

"의견 주셔서 감사합니다. 그런데 이 문제는 전적으로 나의 문제라는 점을 존중해 주셨으면 좋겠어요."

"이 주제에 대한 의견을 듣는 것이 불편해. 너도 더는 의견을 말하지 않았으면 좋겠어."

"다양한 의견과 견해를 내주어서 감사합니다. 그런데 제가 요청할 때만 의견을 받고 싶어요."

"이것은 매우 개인적인 문제라서 다른 사람들은 이 문제에 대해서 말하지 않았으면 해요."

"내 몸은 네가 상관할 바가 아니잖아. 존중해 주면 좋겠어."

"나는 있는 그대로의 내 몸이 좋아. 고마워."

"나는 사람들이 내 몸에 대해서 말하는 게 싫어. 고마워."

"나는 다른 사람의 몸에 대해서 말하는 건 예의 없는 행동이라고 생각해. 너도 다시는 그러지 말길 부탁할게. 고마워."

이 예시들은 요청하지 않은 의견에 대응해야 할 때 활용할 수 있는 대답 형식이다. 누가, 무엇에 대해, 어떤 의도로 말하느냐에 따라 적절한 대답을 골라 사용할 수 있을 것이다.

험담하는 사람 대응하기

다른 사람에 대한 소문을 퍼뜨려 소문의 표적이 된 사람에게 고통을 주는 사람들이 있다. 소문에 휘말리지 않으려면 소크라테스가 제안한 세 가지 필터를 적용하여 대응할 수 있을 것이다.

이야기는 이렇다.

어느 날 소크라테스의 제자 중 한 명이 잔뜩 흥분한 표정으로 스승을 찾아와 제삼자에게 들은 나쁜 이야기를 전하려고 했다. 제자는 이렇게 말했다.
"사람들이 스승님의 친구에 대해 뭐라고 했는지 아십니까?"
소크라테스는 몇 초 동안 아무 말도 하지 않다가 이렇게 말했다.
"기다려 보아라. 너의 이야기를 듣기 전에 네 말이 들을 가치가 있는지 알기 위해서 세 가지 질문을 할 테니 대답해 보아라."
"세 가지 질문이라 하셨습니까?"
"그렇다. 세 개의 필터지. 첫 번째는 진실의 필터다. 네가 나에게 말하려는 것이 진실인지 확신할 수 있느냐?"
"아닙니다. 그저 들은 이야기입니다."

제자는 말했다.

"그렇구나. 그렇다면 이야기가 진실인지 확신할 수 없겠구나. 두 번째 질문을 하겠다. 선의의 필터지. 내 친구에 대해 할 이야기가 좋은 이야기이냐?"

"아닙니다. 정반대입니다."

제자는 말했다.

"그렇구나. 내 친구에 대해서 나쁜 말을 전하고 싶은 거로구나. 그 말이 진실인지 확신할 수도 없으면서 말이야."

제자는 소크라테스의 말에 동의하며 고개를 끄덕였다.

"그러면 이제 마지막 질문을 하겠다. 유용성의 필터지. 내 친구에 대해 하려는 말이 나에게 유용한 이야기이냐?"

"그렇지 않은 것 같습니다."

제자는 고개를 저었다.

"네가 나에게 전하려는 말이 확실하지도, 좋지도, 유용하지도 않은 이야기라면, 너는 왜 나에게 그 이야기를 하려 하느냐? 너의 의도는 무엇이냐?"

진실, 선의, 유용성의 필터는 소크라테스가 이러한 상황에 대응하기 위해 사용한 거름 장치이다. 수 세기가 지난 지금까지도 현자의 삼중 필터는 우리가 들어야 할 것과 말해야 할 것을 식별하는 데 훌륭한 전제로 남아 있다.

비난하는 사람 대응하기

우리는 내면의 재판관이 동의하는 때에만 죄책감을 느낀다. 6장에서 죄책감에 대해 살펴보았듯이, 우리는 자신에게 책임이 있다고 판단할 때 두 가지 방식으로 접근할 수 있다. 하나는 공정하게, 즉 건강한 죄책감으로 접근하는 것이고, 다른 하나는 부당하게, 즉 건강하지 못한 죄책감으로 접근하는 것이다.

누군가가 당신을 비난할 때, 당신은 실제로 당신이 그 일에 대한 책임이 있는지 자문하기 위해 똑같은 방식을 따라야 한다. 그 방식을 실행하고 나면 당신 내면에 있는 재판관이 그 일에 대한 책임을 수용할지 말지 판결을 내릴 것이다. 만약 당신은 그 일에 대한 책임이 없고 따라서 죄인이 아니라고 결론 내린다면, 당신은 당신을 비난하는 사람에게 다음과 같은 방식으로 대응할 수 있을 것이다.

대답의 정당성을 증명하게 하고 토론을 시작하며

"왜 정확히 나에게 책임이 있다고 생각하나요?"

"내가 어떤 식으로 당신을 무시하거나 당신의 권리를 침해했길래 나를 비난하는 거죠?"

"왜 내 책임이라고 생각하나요?"

상대방의 조종 의도를 입증하며

"당신이 하라는 대로 내가 하지 않아서 죄책감을 느끼게 만드는 것 같아요. 아닌가요?"

"내 기분을 나쁘게 하고 당신이 원하는 대로 하게 하려고 나에게 책임을 지우려고 하는 것 같아요."

"나에게 책임을 지우려고 하는 것 같아요. 그게 의도하는 바인가요?"

"당신 말은 나에게 책임이 있다는 건가요?"

당신의 행동을 변호하고 대화를 종결지으며

"저는 아무도 해치지 않고 공격하지도 않으면서 내 욕구에 따라 결정했어요. 만약 그래서 당신이 불편하다면 당신의 행복과 나의 행복이 양립할 수 있는지 자문해 보아야 하지 않을까요?"

"당신이 원하는 대로 되지 않아서 불편할 거라는 걸 이해해요. 그런데 당신의 감정이 내 탓이라고 생각하지 마세요."

"저는 내 인생과 내 몸에 관해 결정할 권리가 있어요. 만약 이 사실이 불편하시다면, 죄송하지만 그건 제 책임이 아니에요."

"저는 당신의 권리를 침해하지도 않았고 당신을 존중하지 않은 적도 없어요. 당신이 화를 내는 건 유감이지만, 그 책임을 나에게 묻지 마세요."

15

정중하게 꺼지라고
말하는 법

시간은 모든 사람을 제자리에 놓는다.
그런데 만약 당신이 사람들에게
지옥으로 꺼지라고 한다면,
당신이 그들을 앞서게 될 것이다.

페르난도 페르난 고메스 Fernando Fernán Gómez*

---

* 스페인의 배우 및 영화감독(1921년 8월 28일~2007년 11월 21일)

물과 기름처럼

이제 모든 걸 시도해 보았다. 자기주장적으로 표현하기, 자신의 욕구를 다른 사람에게 전달하기, 좋아하는 것과 싫어하는 것 표현하기, 할 수 있는 한 유연해지기, 상대방의 마인드맵에 따라 생각하기 등등. 그런데도 여전히 관계는 제대로 돌아가지 않는다. 그렇다면 어떻게 해야 할까?

많은 경우 사람들은 서로 양립할 수 없다. 나쁜 사람이라거나, 상대를 조종하려고 해서라거나, 정신 질환자라서가 아니다. 그저 꼭 들어맞지 않을 뿐이다. 마치 물과 기름처럼 마구 흔들어서 완벽하게 섞이게 하고 싶어도 그럴 수 없다. 무엇이 잘못인가? 물에 무슨 문제가 있나? 아니면 기름에 문제가 있나? 아니다. 물과 기름은 절대로 섞이지 않는다. 그뿐이다.

사람에게도 똑같은 일이 벌어진다. 물 같은 사람이 있고, 기름 같은 사람이 있다. 양쪽 모두 잘못이 없다. 그저 서로 맞지 않을 뿐이다. 그런데 우리는 문제가 발생하면 늘 책임질 사람을 찾으려는 우를 범한다. 일이 예상대로 되지 않을 때 마음의 평정을 찾으려고 애써 비난할 만한 누군가를 찾는 것만 같다. 사실은 책임질 사람도, 무고한 사람도, 선인도, 악인도, 영웅도, 악당도 없는데 말이다.

관계가 원활하지 않을 때 당신은 관계를 끝내려면 반드시 '나쁜 사람'이 있어야 한다는 생각에 사로잡히게 된다. 당신을 함부로 대하는 사람, 당신을 돌보지 않는 사람, 당신에게 독이 되는 사람, 나르시시스트, 이기주의자 등 비난할 누군가를 찾으려 한다. 그런데 만약 그런 사람이 없다면? 아름답고 좋은 사람과 함께 있는데도 여전히 고통스럽다면? 상대방과 당신의 경계가 서로 양립할 수 없다면? 만약 상대가 필요로 하는 것을 당신이 제공할 수 없다면 그리고 그 반대의 경우라면? 서로 다른 언어를 사용하고 인생관이 너무 달라서 계속 다투기만 한다면?

이 모든 일이 당신을 괴롭힐 것이다. 누군가를 매우 사랑하는데도 그 사람과 잘 맞지 않는 경우가 있다. 불행히도 사랑만으로는 건강한 관계를 유지하는 데 충분하지 않기 때문이다. 어떤 사람과 잘 맞지 않아도 그를 충분히 사랑할 수 있다는 것을 이해할 수 있을 때, 당신은 적절한 거리를 유지하는 것이 그와 당신 자신을 사랑하는 가장 좋은 방법임을 받아들이기 시작할 것이다.

'당신을 사랑하지 않아서가 아니라, 당신을 사랑하지만 당신을 사랑하는 것이 아프기 때문에' 멀어지기로 하는 것은 매우 어려운 결정이다. 그렇지만 이런 관계를 그대로 유지한다면, 아마 끝없는 고통의 소용돌이 속으로 빠져 모든 에너지와 정서적 건강을 잃게 될 것이다. 더 힘든 결정이 될 거라는 말이다.

이런 경우에는 상대방에게 화를 내거나 싸우려 하기보다는, 애정을 가지고 차분하게 관계를 끝내려는 이유를 설명하는 편이 좋다. 특히 연인 관계라면 상호 합의에 따라 어떻게 헤어져야 양쪽 모두에게 상처를 최소화할 수 있을지 함께 결정해야 한다. 이것이 가능해지려면 아무리 상대를 사랑하더라도 자신의 행복을 우선시할 수 있는 건강한 자존감이 있어야 하고, 성숙하고 강인한 정서, 책임감이 있어야 한다.

쉬운 게 없다.

이를 다른 사람과 자신 모두에게 친절하고, 건강하며, 서로를 존중하고 정성을 다하는 단절이라고 부른다.

그러나 조종자나 온갖 형태의 학대자가 의도적이고 악의적으로 타인을 괴롭히는 경우도 있다. 이런 상황에서는 그런 사람들과 거리를 두는 데 지나치게 신중할 필요가 없다. 그들이 공격했을 때조차 상대를 존중하는 마음과 자기주장성을 잃지 않으려 애써 왔지만, 그것에도 한계가 있기 때문이다. 그러니 이제 당신은 아무런 양심의 가책도 느끼지 않고 그들에게 꺼져 버리라고 말할 수 있을 것이다.

"꺼져 버려! 꺼지라고!"

1998년, 스페인의 배우이자 작가인 페르난도 페르난 고메스Fernando Fernán Gómez는 마드리드 예술 센터에서 자신의 회고록 『노란 시절El tiempo amarillo』을 소개했다. 스페인 공영방송 TVE의 뉴스팀 기자들이 작가를 인터뷰하는 동안, 오늘날까지도 스페인 사람들의 기억 속에 또렷이 남아 있는 한 편의 서사시적인 사건이 발생했다. 취재진과 인파로 소란스러운 인터뷰 장소에서 한 남자가 작가에게 다가가더니 책에 사인해 달라고 끈질기게 요청했다. 이에 페르난 고메스는 끝까지 참지 못하고 별안간 그에게 말했다. "싫어요. 알겠어요? 알겠냐고요? 내 성격이 나쁘다고 생각한대도 어쩔 수 없어요. 그게 사실이니까. 정말 그래요. 게다가 정말 더럽게 나쁘다고요!" 그러자 팬은 믿기지 않는다는 감정과 화난 감정이 뒤섞인 표정으로 이렇게 대답했다. "저는 당신 팬이었어요. 지금까지 늘 당신을 좋아했다고요!" 그러자 페르난 고메스는 말했다. "나 좀 내버려둬요. 그만 좋아하라고요. 당신 같은 팬은 필요 없어요. 꺼져 버려요! 좀 꺼지라고!"

자기를 불편하게 하거나 비난하는 사람들에게 꺼지라고 말하는 일이 비교적 쉬운 사람도 있겠지만, 대부분은 그렇지 않은 게 사실이다. 우리 대부분은 참기 힘든 일을 기어코 참아 낸다. 상대방이 우리 삶을 힘들게 하지만 그 사람이 화를 낼까 봐, 더 심한 경우에는 상대방이 그만 괴롭히길 바라는 마음을 들킬까 봐 억지로 견디는 것이다.

그저 조용히, 얼마 남지도 않은 우리의 존엄성을 완전히 땅에 묻어 버릴 때까지 계속 참아 내는 편이 낫다고 생각하는 것이다.

당신이 스스로 자신의 입장을 돌아보지 못한다면, 다른 사람의 입장을 그의 관점에서 생각한다는 건 꿈도 꾸지 못할 일이다. 그러니 누구도 당신의 권리를 침해하려 하거나, 당신을 존중하지 않거나, 당신의 자유를 제한하려 하거나, 당신을 조종하지 못하게 해야 하는 것은 너무나도 당연하다. 말하자면 당신이 자신의 입장을 돌아보는 것은 감정을 보호하기 위해 꼭 필요한 일을 하겠다고 스스로 다짐하는 것을 의미한다. 그로 인해 다른 사람의 비난을 사거나 다른 사람과 거리가 멀어지더라도 말이다.

때에 따라 다른 사람의 비난에 맞서 싸우는 경우는 있을 수 있다. 그러나 자기 자신과는 절대 그러지 않는다. 결국 그런 자기 모습에 실망할 걸 알면서도 자기 내면의 허락보다 외부의 허락이 더 중요한 것처럼 굴고, 자기를 무시하는 사람의 비위를 맞추려고 하는 태도는 모순이다. 다른 사람을 기쁘게 하려고 자신을 배신하고, 자신에게 부정직한 행동을 하면서 왜 자존감이 낮은지 궁금해한다. 자기를 대하는 태도가 이러한데 어찌 스스로를 좋아할 수 있겠는가?

당신이 자신을 보호하지 않고, 자신을 돌보지 않고, 자기 자신과 좋은 관계를 유지하려 노력하지 않는다면, 오직 당신 내면에서만 찾을 수 있는 무언가를 자꾸 밖에서 찾으려고 할 것이다. 당신에게 기꺼이 그것을 내주려는 사람이 없어서가 아니라, 다른 사람이 당신에게 주려고 해도 당신 스스로 그것을 받아들이지 못한다면 충분하다고 느끼지 못할 것이기 때문이다. 그것은 끝나지 않는 보물찾기이자 끝없는 투쟁이며, 오직 자신만이 채울 수 있는 공허함을 외부로부터 채우려는 노력이다. 자기 자신을 사랑하지 않으면 어떤 사랑도 충분하지 않다.

사랑한다는 것은 서로 돌보고, 존중하고, 세상의 모든 악으로부터 지켜 주는 일이다. 그리고 때로는, 상대를 향해 "꺼져 버려"라고 말할 용기를 갖는 일이다. 겉모습, 남의 시선과 말, 가식과 계산, 수치심과 비겁함, 협박, 타인의 기대, 망설임, 과도한 예의, 강압과 조종, 에두름, 무가치한 인간 관계… 이 모든 것들에 단호히 외쳐야 한다.

"꺼져! 그래, 꺼져 버려!"

매우 정중하게 꺼지라고 말하는 법

누군가에게 꺼지라고 말하는 것은 매우 개인적인 행위이다. 누구나 자신만의 방식을 찾아내야 한다. 우아한 스타일을 선호하는 사람이 있는가 하면, 풍자를 선택하는 사람도 있다. 강압적인 태도를 취하는 사람도 있고, 직접적으로 말하는 사람도 있다. 개인의 성격과 타이밍 그리고 이 즐거운(?) 여정에 함께 하길 바라는 사람이 누구냐에 따라 적절한 스타일로 대응할 수 있을 것이다. 한 가지 확실한 것은, 활용할 수 있는 자원이 많으면 많을수록 더 능숙하게 대처할 수 있다는 것이다.

누군가에게 꺼지라고 말해야 하는 순간에는 특별히 더 중요하게 고려해야 할 점이 있다. 꺼지라고 말한다는 것은 단순히 불쾌한 말을 들었거나 상대의 생각에 동의하지 않는다는 뜻이 아니라 그와의 대화나 관계를 끝내겠다는 결단을 의미한다.

이 표현은 곧 "나를 조종하려 하거나 존중하지 않는 당신의 태도를 더는 참지 않을 거예요"라는 메시지를 전달하는 것이다.

이때 핵심은 언행일치다. 즉 누군가에게 꺼지라고 말해 놓고도 마치 아무 일도 없었던 것처럼 계속 대화를 이어 가거나 관계를 유지한다면, 당신은 신뢰뿐 아니라 품위마저 잃게 될 것이다.

누군가에게 꺼지라고 말하려고 할 때, 그런 내용의 언어적 메시지에 적절한 비언어적 소통법과 행동이 필수적으로 동반되어야 한다. 그리고 이때 세 가지 시점이 중요하다. 바로 메시지를 내보내기 직전과 내보내는 동안 그리고 내보낸 직후이다.

먼저 메시지를 내보내기 직전을 보자. 상대방이 상처가 되는 말이나 조종하려는 말을 하려고 하거나 개인적인 문제에 간섭하려고 할 때, 당신은 먼저 비언어적 언어로 소통해야 한다. 예컨대, 아무 말도 하지 않고 상대방을 몇 초간 가만히 바라본다. 시선은 우리가 가진 가장 강력한 비언어적 소통 수단이며, 눈은 입이 말하지 않는 것을 전달한다. 그러므로 우리는 단 한마디도 하지 않고 오직 눈길만으로 메시지를 전달할 수 있다. 이때 핵심은 상대의 눈을 바라보며, 입 밖으로는 내지 않고 마음속으로 하고 싶은 말을 되뇌는 것이다.

예를 들어 "당신은 정말 어리석군" "또 조종하려 드는군" "그냥 꺼져 버리지 그래?" 혹은 그 순간 머릿속에 떠오르는 어떤 말이든 좋다.

이렇게 몇 초간 이어지는 침묵에서 생기는 간극은 세 가지 중요한 기능을 한다. 첫째, 반대 의사를 전달할 수 있다. 둘째, 상황과 발생 가능한 결과를 고려해 볼 때 당신이 생각한 메시지가 정확히 말로 전달하고 싶은 그 내용이 맞는지 검토할 수 있다. 셋째, 생각하는 바를 다른 방식으로 전하고 싶다면 더 적절한 전달 방식을 고려해 볼 시간적 여유를 가지게 한다.

이번에는 메시지를 내보내는 동안을 보자. 얼마나 차분하게 꺼지라고 말할 수 있느냐에 따라 상황과 당신 감정에 대한 통제력을 증명할 수 있고, 그 힘든 일을 우아하게 처리할 수 있다. 이때 필요한 것은 분명한 말투와 중간 톤의 목소리다. 너무 높지도, 너무 낮지도 않게 말하는 것이 좋다.

상대의 눈을 정면으로 바라보며 시선을 맞추는 것도 중요하다. 자기주장적인 의사소통을 할 때처럼 굳이 열린 자세를 유지할 필요는 없다. 이런 상황이라면 아마도 이미 자기주장성을 최대로 발휘한 이후일 가능성이 크다. 이제 중요한 것은 비처럼 쏟아지는 말과 조종하려는 말로부터 당신 자신을 보호하는 일이다. 그러니 당신은 자연스레 가슴 위로 팔짱을 낀다든지, 두 손을 허리에 받치는 자세를 취하게 될 것이다. 이때 기억해야 할 것은 그런 자세가 공격적 표현이 아니라 감정적 자기방어 수단이라는 점이다.

마지막으로 메시지를 내보낸 직후를 보자. 이제 신체적으로나 언어적으로 물러설 때다.

신체적으로 물러선다는 것은 상대방이 있는 장소에서 떠난다는 뜻이다. 이때는 그저 소지품을 챙겨 뒤돌아보지 않고 품위 있게 자리를 벗어나면 된다.

이런 행동을 통해 전달할 수 있는 메시지는 '단순히 당신이 나를 조종하거나 학대하려는 걸 더는 참지 않겠다는 것뿐 아니라, 그런 행위를 계속할 기회 자체를 허락하지 않겠다'는 것이다.

신체적으로 물러나기가 어렵다면 언어적으로 물러설 수 있다. 이는 대화를 끝내겠다는 신호로, 상대에게 메시지를 전한 뒤에는 마주하던 시선을 거둔다. 눈을 계속 마주치면 상대에게 대꾸할 여지를 주기 때문이다.

단, 이때 주의할 점이 있다. 시선을 아래로 떨어뜨려서는 안 된다. 그것은 복종, 두려움, 긴장 등의 감정을 전달할 수 있기 때문이다. 이때 당신의 몸, 즉 머리와 시선은 상대가 없는 방향으로 향해야 한다. 이런 태도를 통해 '이제 당신에게 주의를 기울이지 않겠다'라는 의지를 신체 언어로 표현할 수 있다. 다른 일을 보는 것이다. 달리 할 일이 없다면 휴대폰을 꺼내 전화를 걸거나, 메시지에 답장을 보내라. 다이어리를 꺼내 메모를 하거나, 이어폰을 꺼내 음악을 듣거나, 탁자 위에 있는 냅킨으로 종이접기를 할 수도 있다. 무엇이든 상관없다. 중요한 것은 상대와 계속해서 말을 하는 것이 아니라 다른 행동을 하는 것이다.

언어적 메시지는 짧고 명확해야 하며, 불필요한 변명은 하지 않는 것이 좋다. 상대가 이미 당신에게 충분히 변명했을 가능성이 크기 때문이다.

메시지를 전달한 직후에는 신체적으로 거리를 두거나 그것이 어렵다면 언어적으로라도 즉시 물러나야 한다.

죄책감을 유발하는 조종

"네가 무슨 짓을 했는지 좀 봐."
"다 널 위해서 그런 거야."
"다 네 잘못이야."

이런 말을 들었을 때, 어떻게 대응하면 좋을까?

"나를 조종하려 하는군요. 그런데 이제 나에게 통하지 않을 거예요." + 물러나기
"내 책임도 아닌 일에 죄책감을 느끼게 하려는 거 알아요. 믿을 수가 없네요…." + 물러나기
"죄책감/두려움을 느끼게 해서 날 조종하려고 하다니, 어떤 사람인지 알겠어요. 더는 당신과 할 말이 없어요." + 물러나기
"지금처럼 나를 조종하려 하는 말을 듣는 것도 참 오랜만이네요. 저도 두 번은 안 당해요. 이제 대화를 중단하겠어요."
+ 물러나기
"나를 조종하려는 태도는 이제 지겨워요. 이제 나에게는 통하지 않을 거예요." + 물러나기

거짓말을 변명하려고 하는 조종의 말

"거짓말을 한 게 아니라 그 말을 깜빡했을 뿐이야."
"너를 보호하려고 너에게 그 말을 한 게 아니야."

이런 말을 들었을 때, 어떻게 대응하면 좋을까?

"거짓말이 아니어도 기만일 수 있어." `+ 물러나기`

"거짓말을 포장해도 진실이 되진 않아. 한번 깨진 신뢰는 회복되지 않아." `+ 물러나기`

"거짓말을 변명하는 건 더 실망스러워. 그런 사람과는 함께할 수 없어." `+ 물러나기`

"나를 조종하려는 너의 뻔뻔한 태도, 정말 실망이야."
`+ 물러나기`

"거짓말하는 사람에게 바라는 건 단 하나야. 멀리 떨어져 줘."
`+ 물러나기`

가스라이팅 형태의 모욕

"너 미쳤구나."
"네가 무슨 말을 하고 있는지 모르는구나."
"너 편집증 환자 같아."

이런 말을 들었을 때, 어떻게 대응하면 좋을까?

"넌 방금 내 감정을 무시했어. 이제 가만있지 않을 거야. 우리 대화는 여기서 끝이야." `+ 물러나기`
"나를 모욕하거나 미친 사람, 바보, 거짓말쟁이 취급하는 걸 더는 참지 않을 거야. 이제 그만 얘기하자." `+ 물러나기`
"이제 너의 조종에 더는 걸려들지 않을 거야." `+ 물러나기`
"네가 나에게 한 짓은 무엇으로도 보상할 수 없어." `+ 물러나기`
"합리적이고 성숙한 대화를 원했지만, 이젠 불가능할 것 같아." `+ 물러나기`

감정적 협박을 담은 조종의 말

"나를 사랑한다면 날 위해 희생해야지."
"내가 널 위해서 무슨 짓까지 했는데…."

이런 말을 들었을 때, 어떻게 대응하면 좋을까?

"네가 이런 식으로 내 감정을 가지고 협박하리라곤 생각도 못했어. 미안하지만, 난 이제 그 미끼를 물지 않을 거야." + 물러나기
"감정으로 협박하는 모습을 보니 네가 어떤 사람인지 명확히 알겠어." + 물러나기
"사람들은 원해서 행동하고, 대가를 바라지 않아. 넌 지금 그 심리를 이용해 나를 조종하려는구나. 미안하지만, 나에겐 통하지 않아." + 물러나기
"나를 위한다면서 나를 비난한다면, 차라리 그만두는 게 낫겠어." + 물러나기
"내가 생각하는 사랑에는 고통이 포함되지 않아. 미안하지만, 이 점에 대한 생각이 다르다면 관계를 계속할 수 없어."
+ 물러나기

구하지 않은 의견

"살쪘네./살 빠졌네."
"긴 머리가 더 잘 어울려."
"자녀와 관련된 일은 좀 더 엄격히 관리해야 하지 않아?"

이런 말을 들었을 때, 어떻게 대응하면 좋을까?

"솔직히 그런 말, 고맙지 않아요."
"그런 말을 할 수 있다니, 흥미롭네요. 하지만 묻지 않은 말은 하지 말았으면 해요."
"이 일은 제가 물어볼 때만 의견을 주시는 게 좋겠어요. 감사합니다."
"이 주제에 대해 당신의 의견을 묻지 않은 이유는, 솔직히 듣고 싶지 않아서예요."
"당신 생각이 궁금해지면 그때 물어볼게요. 지금은 아니에요."

풍자, 재치, 유머를 섞어서 말해 보자.

"네 코 돌려줄게. 내 문제에 하도 관심이 많아서 네 코가 그 속에 파묻힌 줄 알았어."

"입으로 똥을 싸는구나."

"당신 기대를 저버려 미안해요. 나에게 우선순위는 내 기대거든요."

"단순하게 살면 바보로 오해받을 위험쯤은 감수해야죠."

"남은 하루도 당신처럼 즐겁길 바라요."

"미안하지만, 당신만큼 성숙한 어른에게서 들을 법한 대답은 아직 못 들었네요."

"누구나 바보 같은 말을 할 때가 있죠. 그런데 그 특권을 남용하는 사람도 있더라고요."

"이빨 사이에 똥 묻었어요."

"입에 음식 물고 말하는 건 추하죠. 근데 머릿속이 빈 건 더 추해요."

"너는 아직 사람이 덜 됐구나."

"큰 원을 그려 볼게요. 이건 아시아 개미의 출산율(또는 제 엉뚱한 생각)에 대한 제 관심도예요. 그리고 이 작은 점은, 나에 대한 당신 의견에 대한 제 관심도랍니다."

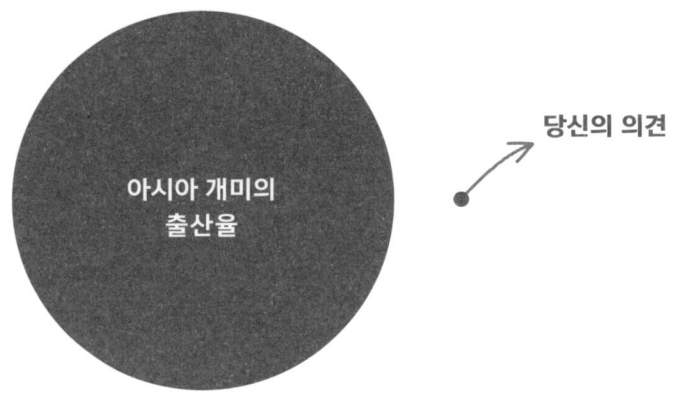

누군가에게 꺼지라고 말하는 법에 대해 설명하자면 수백 페이지를 더 할애해도 부족하겠지만, 가장 재미있는 방법은 각자 창의성과 재치를 발휘하여 자기만의 독창적인 스타일을 만들어내는 것이 아닐까. 그리하여 당신은 누군가에게 꺼지라고 말하는, 세련되면서도 기괴한 이 표현의 예술에서 재능과 감각을 더욱 발전시키고, 당신만의 스타일을 갖추게 될 것이다.

꺼지라는 의미를 전달하는 자기만의 독특한 표현을 만드는데 도움이 될 수 있는 단어를 나열할 수도 있다. 그렇지만, 지금까지 그랬고 앞으로도 그렇겠지만 말할 때 가장 기분 좋고, 가장 속 시원하고, 가장 후련하고, 아무런 오해나 피해의 소지도 남기지 않는 명확하고 단순하고 단호하며 입에 착 달라붙는 표현은 뭐니 뭐니 해도 이게 아닐까…

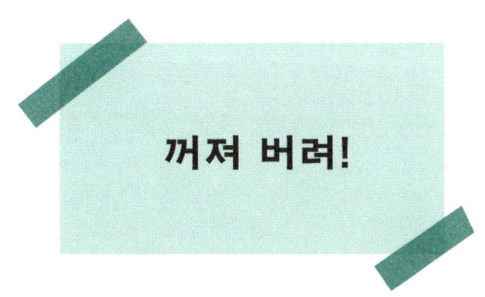

멕시코 치아파스주,
산 크리스토발 데 라스 카사스에서

정중하게 꺼지라고 외치면 돼

펴낸날 2025년 12월 10일 1판 1쇄

지은이 알바 카르달다
옮긴이 윤승진
펴낸이 金永先
편집 김샛별
디자인 urbook

펴낸곳 더페이지
주소 경기도 고양시 덕양구 청초로 10 GL 메트로시티한강 A1-2002호
전화 (02) 323-7234
팩스 (02) 323-0253
출판등록번호 제 2-2767호

ISBN 979-11-94156-32-1 (03180)

더페이지와 함께 새로운 문화를 선도할 참신한 원고를 기다립니다.
이메일 dhhard@naver.com (원고 투고)

- 이 책은 저작권자와의 계약에 따라 발행한 것이므로 본사의 허락 없이는 어떠한 형태나 수단으로도 이 책의 내용을 사용하지 못합니다.
- 파본은 구입하신 서점에서 교환해 드립니다.